Heinz Wintermantel
Hoorig, hoorig isch die Katz

Heinz Wintermantel

Hoorig, hoorig isch die Katz

Masken und Narren der schwäbisch-alemannischen Fasnacht

Konrad Theiss Verlag

CIP-Titelaufnahme der Deutschen Bibliothek

Hoorig, hoorig isch die Katz : Masken und Narren der schwäbisch-alemannischen Fasnacht / Heinz Wintermantel. –
2. Aufl. – Stuttgart : Theiss, 1989
ISBN 3-8062-0817-4
NE: Wintermantel, Heinz [Mitverf.]

2. Auflage 1989

ISBN 3 8062 0817 4

Gesamtherstellung: Graphischer Betrieb Konrad Triltsch, 8700 Würzburg
Printed in Germany

Inhalt

Ihr Narren! Die Ihr diese Worte in vielleicht 200 Jahren leset, denket, daß schon 1000 Jahre vor Euch menschliche Wesen gelebt haben, deren Herz für Liebe und Freude, für Freundschaft und Geselligkeit schlug, und daß es Narren gab, welche dem Vorbild ihrer Urgroßväter getreu, sich jedes Jahr fröhlich in die Arme der Narrheit geworfen haben. Gedenket dann der lustigen Gebeine in ihrer ewigen Ruhe und glaubt, sie haben wie wir gelebt und geliebt, gescherzt und gelacht.
Den Ruhenden unter dem Grase sei freundlichst ein Gläschen gebracht.

»Vorwort an die Nachwelt« aus dem Überlinger Narrenbuch 1863

Vorwort

Der Spaß an der Verkleidung ist so alt wie die Menschheit selbst. Die Vermummung, aus welchen Gründen auch immer, fand schon ihren Niederschlag in steinzeitlichen Höhlenmalereien aus den Jahren 15000 bis 10000 v. Chr. Ein Grund für diese Verkleidung war wohl u. a. der Glaube, dadurch die Dämonen des Totenreiches von sich fernzuhalten oder zu vertreiben und sich selbst den Geistern entziehen zu können, indem man sich durch eine Maske unkenntlich machte. Auch die alten Griechen verbargen bei bestimmten Anlässen ihr Gesicht hinter einer Maske, die Römer vertauschten im Saturnalienfest ihre Kleider und es wäre durchaus denkbar, daß schon der Neandertaler sein Bärenfell gegen ein Wolfsfell auswechselte, um einmal ein anderer zu sein.

Denn das ist es, was den Sinn jeder Verwandlung ausmacht, wenn aus Truhen und Schränken Häs und Masken hervorgeholt werden, die aus biederen Bürgern vermummte Gestalten machen. Gesichter aus Holz mit breitem Mund, tief eingegrabenen Falten, roten Wangen und schalkhaften Augen oder mit dem stummen Ausdruck diabolischer Macht und Gewalt mit überdimensionierten Nasen und furchterregenden Zähnen.

Der Verkleidete möchte ein anderer sein, er will dem schematischen Rahmen des Berufslebens und der technisierten Zivilisation entfliehen, um mit Häs und Maske in ein anderes Ich zu schlüpfen.

Gerade in einer von Hektik und Aggressivität geprägten Zeit, in der Egoismus, Rücksichtslosigkeit und Karrieremachen um jeden Preis in unserer vielgepriesenen modernen Gesellschaft zu lebensbestimmenden Faktoren geworden sind, ist die bodenständige, überlieferte Fasnacht ein Kraftborn geblieben, deren Urwüchsigkeit und Gelöstheit dazu beiträgt, programmierte Abläufe und Gesetzmäßigkeiten des grauen Alltags auszugleichen und zu regulieren.

Deshalb ist das wachsende Interesse an der schwäbisch-alemannischen Fasnacht sehr erfreulich. Ein lebendiger Beweis hierfür sind die oft mit fünfstelligen Zahlen zu messenden Zuschauer, die bei den Narrentreffen und Umzügen, in vielen

Fällen trotz Kälte und Schneetreiben, stundenlang ausharren und sich als kostenlose Beigabe noch die »Behandlung durch Hexenbesen, Streckscheren und Saublodern« gefallen lassen.

Ein weiterer Beweis ihrer Beliebtheit ist die Gründung vieler neuer Narrenvereinigungen. Vor allem in den fünfziger und sechziger Jahren blühten sie auf, getragen von gesundem Idealismus und echtem Humor ergänzten sie die bekannten Zünfte mit jahrzehntelanger, oft auch jahrhundertealter Tradition. Viele personifizierten, was ihrem Ort mit nicht immer liebevollem Spott als Neckname angehängt wurde oder machten aus ortseigenen Originalen neue Narrenfiguren und rückten sie in den Mittelpunkt ihrer Fasnacht.

Um vielen Wünschen nachzukommen, habe ich diesen Bildband zusammengestellt und hoffe, mit diesem bunten Querschnitt durch das fasnachtliche Geschehen von Karlsruhe bis zum Bodensee, der Narrensache zu dienen und einen bescheidenen Beitrag zur weiteren Popularität der schwäbisch-alemannischen Fasnacht zu leisten. Um die Eigenheiten der in diesem Gebiet beheimateten Narrengestalten ausreichend zu analysieren, habe ich im Bildteil bewußt auf ausführliche Schilderungen von Zeremonien und Fasnachtsbräuchen verzichtet und den Schwerpunkt auf eine gezielte Vorstellung der einzelnen Figuren gelegt.

In diesem Zusammenhang möchte ich noch bemerken, daß es bei der Vielzahl von Masken- und Hästrägern zwangsläufig erforderlich war, eine bestimmte Auswahl zu treffen und deshalb eine große Anzahl weiterer interessanter Fasnachtsgestalten nicht erwähnt bzw. vorgestellt werden konnte. In einem Band mit diesem Umfang ist es leider nicht möglich, allen gerecht zu werden. Ich hoffe deshalb auf das Verständnis derjenigen, die hier nicht berücksichtigt wurden.

Mein ganz besonderer Dank gilt abschließend an dieser Stelle den Zunftmeistern, Schriftführern und vielen bereitwilligen Mitgliedern der hier erwähnten Zünfte und Narrenvereinigungen, deren Mitarbeit die Erstellung und Veröffentlichung dieser Dokumentation überhaupt erst ermöglichte.

Heinz Wintermantel

Hoorig, hoorig isch die Katz

Urwüchsigkeit und Originalität spiegeln sich in den jahrhundertealten Narrensprüchen. Bewußt wurde deshalb die erste Zeile des wohl bekanntesten als Titel dieses Buches gewählt.
Nachfolgend der komplette Spruch – von dem übrigens mehrere Versionen bekannt sind – sowie eine kleine Auswahl weiterer närrischer Aphorismen. Fast alle sind in den einzelnen Fasnachtlandschaften in unterschiedlichen Dialektformen überliefert.

Hoorig, hoorig, hoorig isch die Katz
un wenn die Katz net hoorig isch
dann fängt sie keine Mäuse nicht
hoorig, hoorig, hoorig isch die Katz.

Hoorig, hoorig, hoorig isch de Hund
un wenn de Hund net hoorig isch
no isch er au net g'sund
hoorig, hoorig, hoorig isch de Hund.

Borschtig, borschtig, borschtig isch die Sau
un wenn die Sau net borschtig isch
no gitt se au kei Leberwürscht
borschtig, borschtig, borschtig isch die Sau.

Hansele du Lumpehund
häsch net g'wißt wenn d'Fasnet kunnt
hett'sch es Mul mit Wasser griwe
wer der's Geld im Beutel bliewe.

Narro, Narro, Giegeboge
wa de sescht isch äll's verloge
Narro, Narro, Lenzio.

Hauäd dä Katz de Schwanz ab
hauäd än nu it ganz ab
Londerä no än Schtumpe schtoo
daß si ka schpaziere gooh.

O du liebe Sara,
d'Schadtkass hot e Loch,
d'Knepfle sin vefahre
d'Pfanne hemmer noch.

Hanselma hot Schtiefele a,
Hot's Degle uf de Sitte,
Hot's Roß verkauft
un's Geld versauft –
jetz kann er nimme ritte.

Ursprung und Entstehung der Fasnacht

Die gängige Auslegung des Wortes Fastnacht im Zusammenhang mit Fasten und Fastenzeit, d. h. die Fastnacht als eine vorweggenommene Entschädigung für die nachfolgende Zeit der Entsagung läßt Vieles dieses überlieferten Brauchtums ungeklärt.

Viel wahrscheinlicher ist deshalb die Auslegung, daß in Übereinstimmung mit der alten Schriftform vasnet oder fasnet die heutige mundartliche Bezeichnung auf das Wort »faseln« zurückgeht. Während unsere Zeit darunter so viel versteht wie »Unsinn reden«, bedeutete es früher, sich als toll oder unsinnig zu gebärden, allerlei Possen zu treiben und seine Mitmenschen zum Narren zu halten. Die bis ins 17. Jahrhundert reichende Schreibweise setzte für das F ein V, also »Vasnacht« oder, wie auch in alten Dokumenten öfter zu finden, Vasenacht. Eine Fortführung dieser altgermanischen Faselnächte ist selbst bis in unsere Zeit erhalten geblieben, es ist dies der 1. April, an dem man bekanntlich versucht, andere Leute in den April zu schicken.

Auch die im Mittelalter gebräuchliche Bezeichnung Vaselrind oder Vaselschwein für Zuchtvieh weist auf neues Leben hin und kann demzufolge auch mit einem vorchristlichen Fruchtbarkeitskult eng zusammenhängen. Außerdem hat die zweite Silbe »nacht« wie vermutet werden könnte nichts mit der Ausübung dieses Brauches zur Nachtzeit zu tun, sondern beruht auf einer eigenen Zeitauslegung unserer germanischen Vorfahren. So berichtet der römische Geschichtsschreiber Tacitus u. a.: »Sie zählen nicht wie wir nach der Zahl der Tage, sondern der Nächte. Die Nacht geht nach ihrer Auffassung dem Tag voran.«

Über den eigentlichen Ursprung und die Herkunft der Fasnacht ist schon viel diskutiert und geschrieben worden. Die Frage nach der Entstehung selbst wurde bis heute noch nicht einstimmig beantwortet. Eine Version bringt z. B. das Treiben an Fasnacht mit dem »Wilden Heer« bzw. »Wotans Totenheer« in Verbindung. Man vermutet, daß es sich dabei um die Lehre von der Bestrafung der bösen Taten der Menschen an ihren abgeschiedenen Seelen handelt. Erzählungen von diesen gespensterhaften Heeren wurden von antiken Schriftstellern wiederholt erwähnt, so beispielsweise von Herodot, gest. 425 v. Chr., von Hippokrates, gest. um 370 v. Chr. sowie von Plinius d. Ä., gest. 79 n. Chr.

Auch der badische Dichter Hermann Eris Busse schrieb 1928 in einer Abhandlung über unsere Fasnacht u. a.:
»Auf der Schwelle des Jahres steht die dunkelste, längste Nacht und braut der Nebel in vielen sonnenlosen Tagen. In den deutschen Wäldern bargen sich ehemals die Dämonen und unheimlichen Geister der Wildnis, die Schreckgestalten, die Unholde, das Gefolge des Wuetesheeres, das Totenvolk des alten Wote, die in

Stürmen und erbitterten Winterkämpfen der Fruchtbarkeit, dem Licht, dem Segen der Erde, den Seelen der Menschen feind waren. Aber mit der Winterwende, vom Tag ab, da es von Mal zu Mal einen Hahnentritt, dann einen Hahnenschritt, dann einen Riesenschritt länger licht blieb über Wäldern und Äckern und Heimen, wuchs der Menschen Kraft dem Unholden, Unguten, dem Dunklen und Dämonischen entgegen mit gläubiger Abwehr. Und mit den Waffen, die sie den furchterregenden Gewalten zutrauten, mit Sprung und Vermummung schlugen sie alles das aus dem Feld, was das sieghaft steigende Licht des Tages scheute.«

Eine andere Auslegung rückt die Fasnacht in den Kreis der Bräuche, die die Austreibung des Winters zum Ausdruck bringen. Unsere germanischen Vorfahren sahen in ihm eine lebenstötende, kalte und unfruchtbare Jahreszeit, in der böse Geister und Dämonen ihre Herrschaft führten. Um diese zu vertreiben und hierbei von ihnen nicht erkannt zu werden,

versteckten sie ihr Gesicht hinter Masken, wobei sogenannte Fratzen, d. h. Larven mit besonders verzerrtem und angsterregendem Gesichtsausdruck am beliebtesten waren.

Damals herrschte der Glaube vor, daß sich die angegriffenen und bedrohten Geister und Dämonen an eine solche Maske nicht heranwagen würden, und der Mensch deshalb vor ihrer Rache sicher sei. Selbst bis ins späte Mittelalter war es noch üblich, solche Fratzen als Abwehr gegen böse Geister an Häusern anzubringen. Sie sind in vielen alten Städten bis in die Gegenwart erhalten geblieben.

Die Handlung der Winteraustreibung wurde zusätzlich durch Geschrei und sämtliche damals zur Verfügung stehenden Lärminstrumente lautstark unterstützt. Ein Brauch also, der sich auch in unserer heutigen Fasnet wiederfindet, man denke dabei nur an das Singen, Lärmen, Pfeifen und Trommeln beim närrischen Treiben auf der Straße, an die Schellen der Hansele und Narros, an das Knallen der Karpatschen und Peitschen sowie an das Schlagen mit Narrenpritschen und Saublodern.

Eine weitere Version sieht in der Fasnacht eine Nachfolge des römischen Saturnalienfestes und des altgermanischen Frühlingsfestes. Das Saturnalienfest, auch Wintersonnenwendfest genannt, dauerte vom 17. bis 24. Dezember. Für diese Zeit regierte ein eigens hierzu gewählter Fürst, der sogenannte Saturnalicus princeps, al-

H. WINTERMANTEL

ler Wahrscheinlichkeit nach der Stammvater unseres heutigen Prinzen Karneval. Während seiner Herrschaft wurden den Sträflingen die Ketten abgenommen, die Sklaven von ihrer Herrschaft bedient, die Kleidung ausgetauscht, man spielte verkehrte Welt. Dieses ausschließlich von

den Römern gefeierte Fest blieb auch dann noch bestehen, als das Christentum längst in Rom seinen Einzug gehalten hatte. Es erfuhr sogar eine Ausdehnung bis zum Neujahrstag und man belustigte sich weiterhin mit Spielen und Tänzen, wobei damals schon maskierte und mit Fuchsschwänzen geschmückte Gestalten in Erscheinung traten.

In derselben Epoche feierten die Germanen etwa Mitte März, während der Tag- und Nachtgleiche, ihr Frühlingsfest und gaben damit ihrer Freude über das Wiedererwachen der Natur Ausdruck. Das Fest hatte seinen Höhepunkt in einer Feier zu Ehren der Licht- und Frühlingsgöttin Ostara.

Ein wesentlicher Bestandteil dieses Festes bildete das Feuer als Sinnbild des Lichtes und der wärmespendenden Sonne. So war es noch viele Jahrhunderte später Sitte, daß am Funkentag, das war der erste Fastensonntag Invocavit, vielerorts auch Alte oder Bauernfasnacht genannt, alles was Beine hatte, groß und klein, alt und jung auf die Berge stieg, um der Sonne in der Hoffnung zu huldigen, daß sie im Sommer die Saaten reifen lassen würde. Einem alten Brauch folgend wurden hierbei auf allen Gipfeln große Feuer, sogenannte Funkenfeuer entzündet und darin glühend gemachte Holzscheiben mittels eines Stabes hochgeschleudert sowie brennende Räder den Berg hinuntergerollt. In vielen Orten ist diese Sitte, wenn auch teilweise in geänderter Form, bis heute lebendig geblieben.

Beim altgermanischen Frühlingsfest veranstaltete man weiterhin aus Freude über den besiegten Winter Aufführungen und stellte darauf bezogene Gegebenheit dar. So wurde u. a. auch der Winter als Strohfigur dargestellt, eine Gestalt, der man auch heute oft begegnet. Im Hoorig Bär aus Singen kann man beispielsweise einen solchen nachempfundenen Wintergeist mit größter Wahrscheinlichkeit wiedererkennen.

Viel altes übernommenes Brauchtum wird so seit Generation gehegt und gepflegt. Es fehlte allerdings auch nie an Verboten, das Fasnachtstreiben einzuschränken oder ganz zu unterbinden. Die oft konstruierten Gründe waren hauptsächlich religiöser, politischer oder sozialer Art. Blättert man in jahrhundertealten Ratsprotokollen, so kann man feststellen, daß die Obrigkeit mit Erlassen sehr schnell bei der Hand war, wenn es galt, Umzüge, Mummerei oder Tanz zu verbieten. Auch in der Folgezeit der meisten Kriege wurde die närrische Freiheit stark beschnitten oder ganz unterbunden, so ging z. B. nach dem Ersten Weltkrieg in Elzach sogar Polizei und Reichswehr dagegen vor. Zu keiner Zeit jedoch erwiesen sich diese Maßnahmen als geeignet, den Spaß an der Fasnacht einzudämmen oder gar zu beschneiden. Fast immer bewirkten sie das Gegenteil. Denn gerade durch diese Verbote wuchsen die Narren zu verschworenen Gemeinschaften zusammen, denen das Typische und Elementare, was unsere Fasnacht ausmacht – die Freude an der Vermummung und Verwandlung – nie genommen werden konnte.

Die hohe Zeit der Narren

Unmittelbar nachdem das alte Jahr seinen Abschied genommen hat, beginnt für den echten Narren die Zeit seiner persönlichen Fasnachtsvorbereitungen. Die erste diesbezügliche Handlung reicht jedoch mit Sicherheit bis zu dem Tag zurück, an dem er durch einen Blick in den neuen Kalender feststellen konnte, in welche Zeit seine höchsten »Feiertage« fallen.

Die schwäbisch-alemannische Fasnacht beginnt am Dreikönigstag, also am 6. Januar und endet am Aschermittwoch. Noch vor einigen Jahrhunderten verstand man unter der eigentlichen Fasnacht den Sonntag Estomihi, den heutigen Fasnachtssonntag. Mit diesem Tag wurde auch die bis Dienstag 24 Uhr dauernde Herren- oder Pfaffenfasnacht eingeleitet. Erst später kam noch der schmutzige Donschtig als weiterer Fasnachtstag hinzu. Er war als »schmotziger« Donnerstag deshalb bekannt, weil früher an diesem Tag der Braten für das Ostarafest fertiggemacht wurde. In diesem Zusammenhang ist auch die Bezeichnung schmutzig, schmotzig = fett, schmalzig zu verstehen. Eine neuere Auslegung begründet die Bezeichnung »schmotzig« damit, daß an diesem Tag die ersten Fasnachtsküchle in Fett = Schmotz oder Schmutz gebacken werden.

Am Sonntag Invocavit, also eine Woche nach dem Fasnachtssonntag, folgte die nur einen Tag dauernde »Alte oder Bauernfasnacht«, an der nun auch die Untertanen und Bauern ihre Fasnacht abhalten durften. Man kann hieraus erkennen, daß die damals gravierenden Klassen- und Standesunterschiede auch vor den Narren und der Narretei nicht halt machten.

Doch zurück zu unserer Fasnacht der Gegenwart. Wie schon erwähnt beginnt sie an dem Tag, an dem die Sternsingerbuben mit ihrem Gesang von Haus zu Haus ziehen. Schon am Mittag dieses Tages wird durch den Klang der Kirchenglocken vielerorts die neue Fasnacht eingeläutet. In anderen Städten trifft man sich zum Narren-Frühschoppen oder bereits zur ersten Narrensitzung und in vielen Hochburgen wird, einem alten Brauch folgend, Häs und Geschell abgestaubt, wobei die Schellen solange geschüttelt werden, bis das letzte Staubkörnchen verschwunden ist. Auch das Verteilen von Fasnachtsbrezeln an den »Narrensamen« sowie die Bekanntgabe des vorgesehenen Fasnachtsablaufes stehen mancherorts auf dem Eröffnungsprogramm. Einige Zünfte wiederum treffen sich erst einen Tag später, also am 7. Januar zu Narrenversammlungen oder andere am Samstagabend nach Dreikönig zu einem ersten öffentlichen Hemdglonkerauftritt.

So bunt und vielseitig wie die Fasnacht selbst, sind auch die zu ihrer Begrüßung angestammten Sitten und Gebräuche. Auch in den Narrenorten ohne überliefertes Anfangsbrauchtum wird zu diesem Zeitpunkt allen darauf bezogenen Erfordernissen Rechnung getragen und die notwendigen Vorbereitungen getroffen. Nachdem die Fasnacht standesgemäß begrüßt wurde, wird es in den folgenden Wochen noch einmal still um sie. Viele Zünfte überbrücken diese Zeit mit den im schwäbisch-alemannischen Fasnachtsbereich beliebten Narrentreffen, bei denen Umzüge mit Tausenden von Masken- und Hästrägern keine Seltenheit sind.

Eine besondere Bedeutung kommen den drei Donnerstagen vor dem Fasnachtssonntag zu. Mit dem letzten, dem schon erwähnten schmutzige Donschtig beginnt die eigentliche Fasnachtszeit. Eine weitere Bezeichnung erfährt dieser Tag zusätzlich im schwäbischen Bereich, wo er als auselige, gompige oder gumpige Dunschtig bekannt ist. Verschiedentlich werden auch die beiden davor liegenden Donnerstage so bezeichnet. In vielen Narrenhochburgen wird diesen beiden Tagen eine nicht geringe Beachtung beigemessen. Zusammen mit dem schmutzige Donschtig heißen alle drei beispielsweise am Hochrhein die »faissen Dunstige«, in anderen Orten erhalten sie einfachheitshalber eine Numerierung. Dominierend hierbei ist jedoch der »Schmutzige«, vor dem allerdings noch viele vom örtlichen Brauchtum geprägte Besonderheiten liegen, die sich hauptsächlich an Lichtmeß, am Sonntag, Montag, Dienstag und Mittwoch vor Fasnachtsbeginn abspielen.

Ist es dann endlich soweit, erfolgt die gebührende Begrüßung des so lange herbeigesehnten Tages. Mit dem Wecken in aller Frühe, oft mit Hemdglonkerumzügen verbunden und unter mehr oder weniger ohrenbetäubender Lärmentwicklung, müssen sich auch die schwerhörigsten Schläfer davon überzeugen lassen, daß eine besondere Stunde geschlagen hat. Im Laufe des Vormittags steht in vielen Orten die sogenannte Schülerbefreiung auf dem Programm, eine vom Narrensamen freudig begrüßte Handlung, bei der die Lehrer aufgefordert werden, den Unterricht bis Ende der Fasnacht einzustellen. In manchen Fällen erhalten die vom Joch der Schule befreiten Kinder anschließend von den Narren noch Brezeln und Süßigkeiten. Nicht selten feiert man an diesem bedeutungsvollen Tag auch Kinderfasnacht, wobei man den Narrensamen vielerorts singen hört: »Jetzt goht d'Fasnet a, mit de rote Pfiife.«

Mit dem Ausrufen der Fasnacht, der Amtsübernahme bis Aschermittwoch und der damit verbundenen Absetzung der Obrigkeit geht das fröhliche Zeremoniell weiter. Ein altes, echtes Brauchtum, heute leider nur noch in ganz wenigen Fällen lebendig geblieben, soll hier nicht unerwähnt bleiben – das Ausüben der närrischen Gerichtsbarkeit unter dem am »Schmutzige Donschtig« aufgestellten Narrenbaum. Es ist ein ungeschriebenes Gesetz, daß man hierzu grundsätzlich eine Tanne oder Fichte verwendet, schrieben doch schon unsere germanischen Vorfahren diesem immergrünen Baum eine besondere Lebenskraft zu. Das Aufstellen dieses Baumes im Winter bedeutete nichts anderes, als das Unsterbliche

und Unzerstörbare zu symbolisieren und dem immer grünenden Leben eine Referenz zu erweisen.

Aus dem Lebensbaum entwickelte sich im Laufe der Jahrhunderte der Narrenbaum und unter ihm spielte sich, wie früher unter der alten Gerichtslinde, das Narrengericht ab. Daß hierbei die Narren von der so oft zitierten »Narrenfreiheit« und von ihrem Rügerecht reichlich Gebrauch machten und diesen willkommenen Anlaß benutzten, alles loszuwerden was sich innerhalb des vergangenen Jahres angestaut hatte, bedarf keiner besonderen Erwähnung.

Heute dient der Narrenbaum meist als sichtbares Zeichen für die von den Narren übernommene Amtsgewalt. Typisch ist auch in vielen Orten der Tanz um den Narrenbaum. Eine weitere Variante macht ihn zum Kletterbaum, bei dem die verschiedensten Gegenstände von seinem Dolden geholt werden müssen. Oft ist auch das Schlagen und Anfahren sowie das Aufstellen Bestandteil des närrischen Programms.

Das Narrenbaumsetzen selbst kann u. U. mehrere Stunden dauern, da dieser Brauch, vielerorts von Spaß und Ulk begleitet, zu einer bei jung und alt beliebten Belustigung geworden ist. Der schmutzige Donschtig ist auch der erste Tag der örtlichen Umzüge, dominierend hierbei die Hemdglonker, die mit Laternen und Fackeln abends durch die Straßen ziehen. Der Abend und die Nacht werden hauptsächlich durch Tanzveranstaltungen bestimmt, wobei in verschiedenen Regionen den sogenannten Altwieber- und Schlumpenbällen eine besondere Bedeutung zukommt.

Der nachfolgende Freitag spielt in der schwäbisch-alemannischen Fasnacht keine nennenswerte Rolle, er dient fast überall als Ruhetag. Dagegen wird am Fasnet-Samschtig (Samstag) in verschiedenen Orten das nachgeholt, was andere schon am »Schmutzige Donschtig« praktiziert haben, z. B. Fasnetküchle backen, Narrenbaum setzen und Übernahme der Amtsgewalt. Auch örtliche Umzüge stehen auf dem Programm. Im allgemeinen aber ist dieser Tag den Saalveranstaltungen vorbehalten.

Während in einigen Narrenhochburgen, so in Elzach, Zell a. H. und Villingen, die eigentliche Fasnacht erst am Fasnet-Sonntig (Sonntag) anfängt, gehört dieser Tag auch andernorts ausschließlich der Straßenfasnacht und den Umzügen. In Orten, die am schmutzigen Donschtig keine Kinderfasnacht feierten, wird sie oftmals an diesem Tage nachgeholt. Ein erwähnenswertes Ereignis, der Fackelumzug der Elzacher Schuttignarren.

Der Fasnet-Mentig (Montag) beginnt bereits am frühen Morgen mit den unterschiedlichsten Gebräuchen. Da sind einmal die Elzacher Taganrufer, deren Tätigkeit schon der Name ausdrückt, oder der traditionelle Wolfacher Wohlaufumzug sowie das Wecken durch die Katzenmusik bzw. Narren- oder Stadtkapelle. Erwähnenswert ist auch die in Stockach um 7.30 Uhr abgehaltene Narrenmesse, zu der die Narren im Zylinder und schwarzen Anzug erscheinen. Der Schwerpunkt an diesem Tag liegt jedoch bei den Umzügen, bei den Narrensprüngen und den vielerorts gepflegten, altüberlieferten Fasnachtsspielen. Auf der Straße und in den Lokalen herrschen bis tief in die Nacht hinein die Narren, die diese Gelegenheit benutzen, ihren mehr oder weniger beliebten Mitmenschen frei von der »Leber weg« die ungeschminkte Wahrheit zu sagen. (Schnurren, Hecheln und Strählen.) Ausklang und Abschluß bilden fast überall Saalveranstaltungen, bei denen kräftig das Tanzbein geschwungen wird.

Mit dem Fasnet-Zischtig (Dienstag) kündigt sich der letzte offizielle närrische Tag an. Vielerorts steht neben den Umzügen nochmals der Narrensamen und die Kinderfasnacht im Mittelpunkt. Wie schon am Vortag ist der Narr auf allen Straßen und Plätzen die dominierende Figur. Fröhlichkeit, Heiterkeit und Ausgelassenheit sind die an diesem letzten Tag die Szenerie beherrschenden Faktoren. Kündigt sich jedoch der Abend an, sehen viele unter ihnen mit einer gemischten Melancholie den nicht mehr aufzuhaltenden Abschlußbräuchen entgegen. In diesen Bräuchen selbst offenbart sich noch einmal die ganze vom Ideenreichtum geprägte Vielfalt der schwäbisch-alemannischen Fasnacht. So wird vielerorts die Winter-Hexen- oder Fasnachtsverbrennung durch das Anzünden einer Strohpuppe symbolisiert, anderswo wird sie vergraben oder gar, wie in Bad Waldsee, ersäuft. Die Versteigerung des Narrenbaumes und das Ausläuten der Fasnacht durch die Kirchenglocken gehören ebenso dazu wie das Heulen und Wehklagen am Donaueschinger Narrenbrunnen oder das mitternächtliche Verbrennen des Strohs, das den Villinger Wueschte zum Ausstopfen ihrer Hosen diente.

»Am Aschermittwoch ist alles vorbei«, so lautet der Anfang eines bekannten rheinischen Karnevalliedes. Verschiedene Orte im schwäbisch-alemannischen Bereich verstanden es jedoch, der am Dienstagabend zu Ende gegangenen Fasnacht noch einen weiteren Tag hinzuzumogeln. Sie verlegten ganz einfach närrische Handlungen, die andernorts am Dienstag durchgeführt wurden auf den Mittwoch, so u. a. die Schlüsselrückgabe an die Orts- oder Stadtverwaltung, das Verbrennen und Vergraben der Fasnacht oder die Versteigerung des Narrenbaumes. Traditionell an diesem Tag sind auch die ganz auf die kommende Fastenzeit bezogenen gemeinsamen Essen, an denen Schnekken- und Fischgerichte im kulinarischen Mittelpunkt stehen. Diesen Essen voraus geht beispielsweise in Wolfach die sogenannte Geldbeutelwäsche, bei der unter herzzerreißendem Klagen und Geheul die zuvor am Brunnen gewaschenen Geldbeutel zum Trocknen aufgehängt werden. In einigen Orten im äußersten Südwesten wird die Fasnacht sogar bis zum Sonntag verlängert. Man feiert dort die Alte oder Buurefasnet, bei der u. a. der alte Brauch des Scheibenschlagens in Erinnerung gerufen wird. Absoluter Schlußpunkt im schwäbisch-alemannischen Bereich ist der berühmte »Morgestraich«, ein Brauch der benachbarten Basler Fasnacht, der im 16. Jahrhundert begründet wurde und eine Woche nach dem Fasnachtsmontag für drei Tage das Basler Leben bestimmt. Hiermit wird die Fasnacht endgültig verabschiedet und getreu dem alten philosophischen, an diesen letzten Tagen oft zitierten Narrenspruch »s'goht dagege« die nächste schon wieder erwartet.

Anmerkung:
Das auf vorstehenden Seiten geschilderte Brauchtum für die verschiedenen Fasnachtstage ist nur als närrischer Wegweiser gedacht und erhebt keinen Anspruch auf Vollständigkeit.

Hexen, Hansele, Spättlebuebe

Für die schwäbisch-alemannische Fasnacht ist die Verkleidung durch Narrengewänder und schreckenserregende, oft auch groteske Masken ein typisches Merkmal. Wer Gelegenheit hat am Bodensee, in Oberschwaben, in der Baar, im Schwarzwald und am Hoch- oder Oberrhein dem fasnachtlichen Treiben beizuwohnen, wird immer wieder fasziniert sein von den bunten, charakteristischen Narrengewändern und den holzgeschnitzten Masken der besenbewaffneten Hexen, Teufel und Spättlebuebe, von den Narros mit ihrem hintergründigen Lächeln sowie von den vielfältigsten Sonder- und Tierfiguren. Wie bei der Fasnacht selbst, liegt, gerade bei den altüberlieferten Gestalten, der Ursprung oft im dunkeln. So beispielsweise auch bei nachstehend beschriebener Figur, deren Name noch heute auf Wirtshausschildern zu lesen ist.

Der Wilde Mann

Diese Gestalt zählte früher zu den verbreitetsten Fasnachtsfiguren und wurde bereits von Pieter Breughel d. Ä. (1525 – 1569) auf einem Holzschnitt festgehalten. Noch weiter zurück liegt eine Erwähnung durch den hl. Eligius im 7. Jahrhundert sowie eine auf diese Leute bezogene Bußordnung der Kath. Kirche in Spanien aus dem 8. Jahrhundert. Viele Gründe sprechen dafür, daß der Wilde Mann in der Vorstellung unserer germanischen Vorfahren als Hüter des Waldes die Geister und Dämonen abwehrte. Auch aus Tirol sind solche Figuren bei der Abwehr böser Wintermächte in fasnachtlichen Brauchspielen bekannt. In Basel beispielsweise tanzte sogar noch um die Jahrhundertwende eine solche Gestalt mit einem entwurzelten Baum in der Hand, und auch in anderen Fasnachtsstädten standen Wilde Männer sowie dazugehörende Wilde Frauen und Kinder im Mittelpunkt der Fasnacht. Von den Schweizern wurden sie treffend mit dem Namen »Wildlütli« (wilde Leute) bezeichnet.

Ihre ursprüngliche Kleidung bestand aus den in Hochwäldern vorkommenden Flechten, dem bei Kindern heute noch beliebten Tannenbart. Auch Kleidungsstücke aus Stroh, Flachs oder ölgetränktem Papier wurden ebenso getragen wie die verschiedensten Tierfelle. Nachdem man jedoch später dazu überging, auch bunte Stofflappen zu verwenden, verloren die Wilden Männer bald ihr charakteristisches Aussehen und gerieten im Laufe der Zeit ganz in Vergessenheit. Als Stammväter verschiedener uriger Narrengestalten leben sie jedoch vielerorts weiter, so beispielsweise im Elzacher Schuttig, der seine Abstammung vom Wilden Mann nicht verleugnen kann.

H. WINTERMANTEL

Hemdglonker

Sehr umstritten ist auch der Ursprung dieser, in langem, weißen Hemd und weißer Zipfelmütze auftretenden Figur. Oftmals wird sie mit einem alten Totenkult, bei dem man, um die Dämonen zu täuschen ihre Gestalt annahm, in Verbindung gebracht. Das weiße Hemd sollte aller Wahrscheinlichkeit nach an das Totenhemd erinnern in der Hoffnung, die zur Erde zurückdrängenden Toten abzuhalten und abzuschrecken. Auch der alle Hemdglonkerumzüge begleitende Lärm wurde als Abwehr gegen diese Geister gewertet.

Die heute noch übliche Musik ist seit eh und je die sogenannte Katzenmusik, ein ohrenbetäubendes Zusammenspiel von allen nur denkbaren Lärm- und Radauinstrumenten. Die Palette reicht von Trommeln und Trompeten über Kuhglocken und Ochsenhörner bis zu Kochtopfdekkeln und Sirenen.

In Waldkirch entwickelte sich beispielsweise aus dem üblichen Hemdglonkerumzug der beliebte Kläpperlezug, bei dem durch Holzklappern – zwei zwischen Ring-, Mittel- und Zeigefinger geklemmten Eichen- oder Buchenholzbrettchen – ein entsprechendes Geräusch erzeugt wird. Es läßt sich in der heutigen Form über 100 Jahre zurückverfolgen.

Die Vermutung, daß die Herkunft der Hemdglonker auf ein Gelübde zurückzuführen ist, ist eine von mehreren Konstanzer Versionen. Danach sollen die Einwohner während der Stadtbelagerung durch die Schweden im 30jährigen Krieg versprochen haben, falls die Stadt verschont bliebe, im Hemd nach St. Loretto bei Staad zu wallfahren. Eine weitere Auslegung vermutet den Ursprung der Hemdglonkerumzüge Ende des 17. Jahrhunderts, als Konstanzer Studenten einem unbeliebten Professor mit einem Katzenmusikständchen zur abendlichen Stunde ihre Abneigung zum Ausdruck brachten. Diese Geschichte wird auch in folgender Form interpretiert:
In den achtziger Jahren des 19. Jahrhunderts soll ein Konstanzer Professor Schüler der oberen Klassen mit »Hemdglonker« (kleine Kinder) tituliert haben. Die beleidigten Schüler beschlossen darauf, gegen diesen Pädagogen in der Fas-

nachtszeit einen Hemdglonkerumzug als Protestmarsch zu veranstalten. Er soll solchen Anklang gefunden haben, daß er seit dieser Zeit beibehalten wurde. Auch verschiedene, Jahrhunderte zurückliegende Schulfeste werden als Ursprung vermutet, wenngleich mit Sicherheit noch weitere, vielleicht auf ganz anderer Ebene liegende Einflüsse diese Figur im weißen Hemd und Nachtmütze mitgeprägt und mitgestaltet haben.

Hansel, Hansele oder Hänsele

und andere mundartliche Bezeichnungen charakterisieren mehrere Gruppen von Narrenfiguren, deren Herkunft man u. a. dem Hanswurst früherer Jahrhunderte zuschreibt oder mit der Tätigkeit des Schnurren, Hecheln oder Strählen, das ja mit hänseln gleichzusetzen ist, in unmittelbare Verbindung bringt.

Unter Berücksichtigung der Verbreitungsgebiete kann man feststellen, daß z. B. die in weiße, meist zweiteilige Leinengewänder gekleideten Hansele hauptsächlich am oberen Neckar, im Schwarzwald und in der Baar anzutreffen sind. Charakteristisch sind die auf dem Häs angebrachten Ölmalereien. Motive: Gestirne, Ranken, Menschen, Tiere, Früchte und Blumen.

Diesen Hansele gemeinsam sind über die Schultern hängende, oft auf der Brust gekreuzte Schellenriemen, das sogenannte G'schell mit meist aus Bronze gefertigten Glocken. Die Skala reicht hier von der einfachen Ausführung mit 2 – 3 Glocken bis zum vornehmen G'schell der Rottweiler, das bis zu 60 Stück aufweist. Bezeichnend für diese Gruppe sind weiterhin Holzmasken mit zum Teil feingeschliffener, hochglanzlackierter Oberfläche und Maskenhauben mit einem oder mehreren Fuchsschwänzen. Der Fuchsschwanz als Zeichen närrischer Schläue und Symbol der Narrenfreiheit spielte schon bei den Hofnarren eine große Rolle, da er, als Freibrief ihrer Reden es ermöglichte, jedermann bis hinauf zum Kaiser ungeschminkt die Wahrheit zu sagen.

Zu dieser Gruppe zählen auch die als Narro bekannten Hansele. Sie tragen zusätzlich einen Kragen, die sogenannte Halskrause, die schon im Mittelalter an Fürstenhöfen bei männlichen und weiblichen Personen als Zeichen der Vornehmheit beliebt war. Ein weiteres Attribut des Narro ist der vielerorts in der Hand getragene Narrosäbel, der aller Wahrscheinlichkeit nach den »Narrenkolben« bzw. den »Narrenstab«, mit dem die mittelalterlichen Hofnarren die Personen die sie ansprechen wollten auf die Schulter klopften, versinnbildlichen soll.

Eine weitere Gruppe sind die hauptsächlich am Oberrhein, im Hegau, am Bodensee und auch im Schwarzwald anzutreffenden Blätzlehansel (auch Plätzle- oder Spättlehansel geschrieben), die im Gegensatz zum Hansel im bemalten Leinenhäs ein Gewand aus Nessel, Leinen oder Baumwolle tragen, auf das kleine rechteckige, zungen- oder dachziegelförmige Stoff- oder Filzstücke aufgenäht sind. Verschiedene dieser Hansele sind auch bekannt unter dem Namen:

Blätzle – Fleckle- oder Spättlebuebe

Über den Ursprung dieses Gewandes gibt es nur Vermutungen, es hat sich möglicherweise aus früheren Dämonenvermummungen entwickelt, wobei damals statt der Stoffblätzle Teile von Tierfellen, Moosstücke, Baumrinden und -flechten Verwendung fanden. Auch die Meinung, daß das heutige Häs von der mit bunten Tuchlappen des »Wilden Mannes« benähten Kleidung abstammen könnte, ist durchaus glaubhaft.

Daß das Blätzlehäs in seiner älteren Form sehr beliebt war, resultiert vor allem daraus, daß die Herstellung sehr einfach und preiswert war, fanden sich doch in allen Nähtruhen alte Stoffreste, die sich hierfür vorzüglich eigneten. Man nähte wahllose beliebige Stoffflecken ohne Berücksichtigung von Formen oder Farben neben- und übereinander und das Häs war fertig. Nachdem sich um die Jahrhundertwende auch im Narrenleben ein gewisser Wohlstand bemerkbar machte, erhielt das Blätzlegewand nach und nach sein heutiges Aussehen mit genau festgelegter Reihenfolge und Farbordnung. Interessant ist bei dieser Gruppe, daß hier vielfach keine Holzmasken, sondern Masken aus Blätzle, Spättle oder Fleckle, oft mit betonter Augen-, Nasen- und Mundpartie getragen werden.

Zu diesen beiden vorstehend beschriebenen Hauptgruppen der Hansele gesellen sich in allen Regionen die unterschiedlichsten Hansele-Typen, die sich hier nicht einordnen lassen. Stellvertretend für viele seien hier nur einige genannt: die Wolfacher Nußschalen-, Mehlwurm-, Rösle- oder Schellenhansel sowie die Zeller Schneckehiisli-, Spielkarten-, Bändele- oder Welschkorn-Narro.

Hexen

Über die Wege, auf denen diese Gestalt ins fasnachtliche Brauchtum gekommen ist, gibt es keinerlei konkrete Anhaltspunkte. Die Annahme, daß sie vor oder um etwa 800 n. Chr. entstanden sein könnte, wird beispielsweise mit einem Verbot des damaligen Abtes Pirmin von Reichenau begründet, in dem es u. a. heißt: »Die Männer sollen sich nicht in Frauenkleider vermummen und kein Christ darf bei den Flurgängen Tänze aufführen und Scherzspiel treiben.« Eine weitere Version bringt die Hexe mit den keltisch-germanischen Priesterinnen, den Druiden, in Verbindung, die nach Einzug des Christentums, ihren Götterglauben bewahrend, in Waldhöhlen lebten. Da sie viele Kräuter und Heilpflanzen kannten und damit bei Kranken oft verblüffende Erfolge erzielten, wurden sie vielfach zu Hexen gestempelt, die mit dem »Bösen« im Bunde standen.

Der weiteren Auslegung, daß diese Figur und die damit verbundenen Bräuche von

den hauptsächlich im Mittelalter stattgefundenen Hexenprozessen- und -verbrennungen abgeleitet wurde, steht die Auffassung gegenüber, daß aus dem »Wilden Weib«, der Partnerin des »Wilden Mannes«, im Laufe der Jahrhunderte die Hexe geworden ist. Da sie das Erbarmungslose, Unheimliche und Kaltherzige verkörpert, daher also auch mit dem unfruchtbaren, lebenzerstörenden Winter gewisse Parallelen aufweist, wurde sie außerdem als ein Wesen angesehen, das man wie die in dieser Jahreszeit herrschenden Geister und Dämonen vertreiben mußte. Welche Annahme der Realität am nächsten kommt, wird sich nie mit Sicherheit sagen lassen.

Bewiesen ist dagegen die enorme Popularität der Hexenzünfte. Obwohl es sich um nicht gerade sympathische Erscheinungen handelt, erfreuen sie sich größter Beliebtheit. Als Einzelfigur sind mancherorts prächtige Teufel in der Funktion eines Hexenmeisters anzutreffen.

Tiergestalten

Bereits unsere heidnischen Vorfahren wollten bei bestimmten Anlässen durch groteske, oft schreckenserregende Verkleidung den Eindruck erwecken, daß sie andere, fremdartige, ja übermenschliche Wesen seien. Von allen Möglichkeiten und Arten der Verwandlung wurde die Tiergestalt besonders bevorzugt, vielleicht aufgrund von Vorstellungen in denen das Tier als gleichwertiges, wenn nicht sogar als höheres Wesen betrachtet wurde.

Interessant ist die Feststellung, daß schon seit Jahrhunderten der Volksglaube – in vielen Fällen vielleicht besser als Aberglaube bezeichnet – verschiedene Tiere mit mystischen Gegebenheiten oder Ereignissen in unmittelbaren Zusammenhang bringt. So sollen z. B. Katzen etwas dämonisches und unheilvolles in sich bergen, schwarze Katzen Unglück bringen oder als arme Seelen umher gehen. Der Bär galt oft als verwandelter Mensch, als Seelentier oder Dämon. Raben und Krähen waren Leichen- und Totenvögel, die außerdem die Zukunft deuten konnten. Während die Fledermaus ebenfalls als Symbol des Todes angesehen wurde, betrachtete man den Storch als Glücksbringer und Bote des Frühlings und der Fruchtbarkeit.

Sicher waren bei der Entstehung fasnachtlicher Tierfiguren nur in wenigen

Fällen ähnliche Auslegungen wie vorstehend beschrieben die Ursache. Vielmehr wurden alte Überlieferungen sowie eigene Vorkommnisse und Geschichten die sich auf Tiere bezogen ins örtliche Narrenleben eingeschlossen und entsprechend symbolisiert.

Aus der bunten Palette eine kleine Auslese interessanter Tierfiguren:
Meßkircher Katzen, Triberger Federeschnabel, Villinger Butzesel, Rottweiler Guller, Steißlinger Störche, Allensbacher Alet, Litzelstetter Kuckuck.

Sonderfiguren

Eine große Anzahl Fasnachtsgestalten, die sich in die bisher beschriebenen Gruppen nicht oder nur schwer einordnen lassen, runden das bunte Bild und den Reichtum an Narrenfiguren ab. Viele davon mit jahrhundertealter Tradition, also zum närrischen »Hochadel« gehörend, andere erst vor einigen Jahren oder Jahrzehnten ins Rampenlicht der Narretei gerückt. Mit ihren Gewändern und Masken eigenster Prägung fügen sie sich nahtlos in die weitgefächerte närrische Skala ein und verleihen der Fasnacht zusätzlich Farbtupfer und Akzente.

Von den vielen bekannten Figuren seien hier nur einige genannt. Der Bonndorfer Pflumeschlucker, der Tettnanger Hopfennarr, der Waldkircher Bajass, der Riedlinger Gole, der Rottweiler Federahannes, der Oberndorfer Schantle sowie der Bodenwälder aus Furtwangen und der Schramberger Da Bach-na-Fahrer.

Geographischer Führer durch den Bildteil

D'Narre sin au Lüt – un mengmol g'scheiter wie d'andre

Alemannisches Sprichwort

Grötzinger Hottscheck-Hexe

Der als badisches Malerdorf bekannte Karlsruher Stadtteil Grötzingen gibt mit seinen alten Fachwerkhäusern, darunter das 300 Jahre alte Rathaus und die über 700 Jahre alte Kirche, den historischen Hintergrund für die noch relativ junge Zunft der »Hottscheck-Hexen«.
1968 gegründet, erinnern sie mit ihrem Namen an eine im Grötzinger Heimatbuch erwähnte Hexe sowie an eine, viele Jahrhunderte zurückliegende Begebenheit, der die Grötzinger ihren Beinamen »Hottscheck« verdanken. Von den hierüber bestehenden Überlieferungen ist folgende am bekanntesten:
Beim Streit um eine Kirchenglocke einigten sich die Orte Grötzingen und Wolfartsweier, die Angelegenheit durch zwei Ochsengespanne entscheiden zu lassen. Man spannte beide vor einen Karren, die einen vorn, die anderen hinten, wobei jedes Ochsenpaar versuchen mußte, das Gefährt mit der darauf befindlichen Glocke nach ihrer Seite zu ziehen. Die Grötzinger Ochsen, lautstark mit »Hott Scheck, Hott Scheck, Gretzinge zu« angefeuert, wurden Sieger, und so erhielten die Grötzinger nicht nur ihre noch heute in vorstehend erwähnter Kirche hängende Glocke, sondern auch ihren Beinamen.
Holzbildhauermeister Konrad Wernet aus Elzach schnitzte für die Zunft eine wirkungsvolle Gruppenmaske mit einem für Hexen sonst ungewohnten sympathischen, freundlichen Ausdruck. Zum kompletten Hexengewand gehört außerdem ein rotes Kopftuch mit schwarzen Punkten, eine blau geblümte Jacke, blaue längsgestreifte Schürze, rotes Taschentuch, blauweiße Ringelstrümpfe, weiße rocklange Spitzenunterhosen sowie Strohschuhe und ein Reisigbesen.

Narri, Narro
d'Hottscheck-Hex isch do

Abb. unten: Hexensiegel für OB Dullenkopf
Abb. rechts: Hexenverbrennung am Fasnachtsdienstag

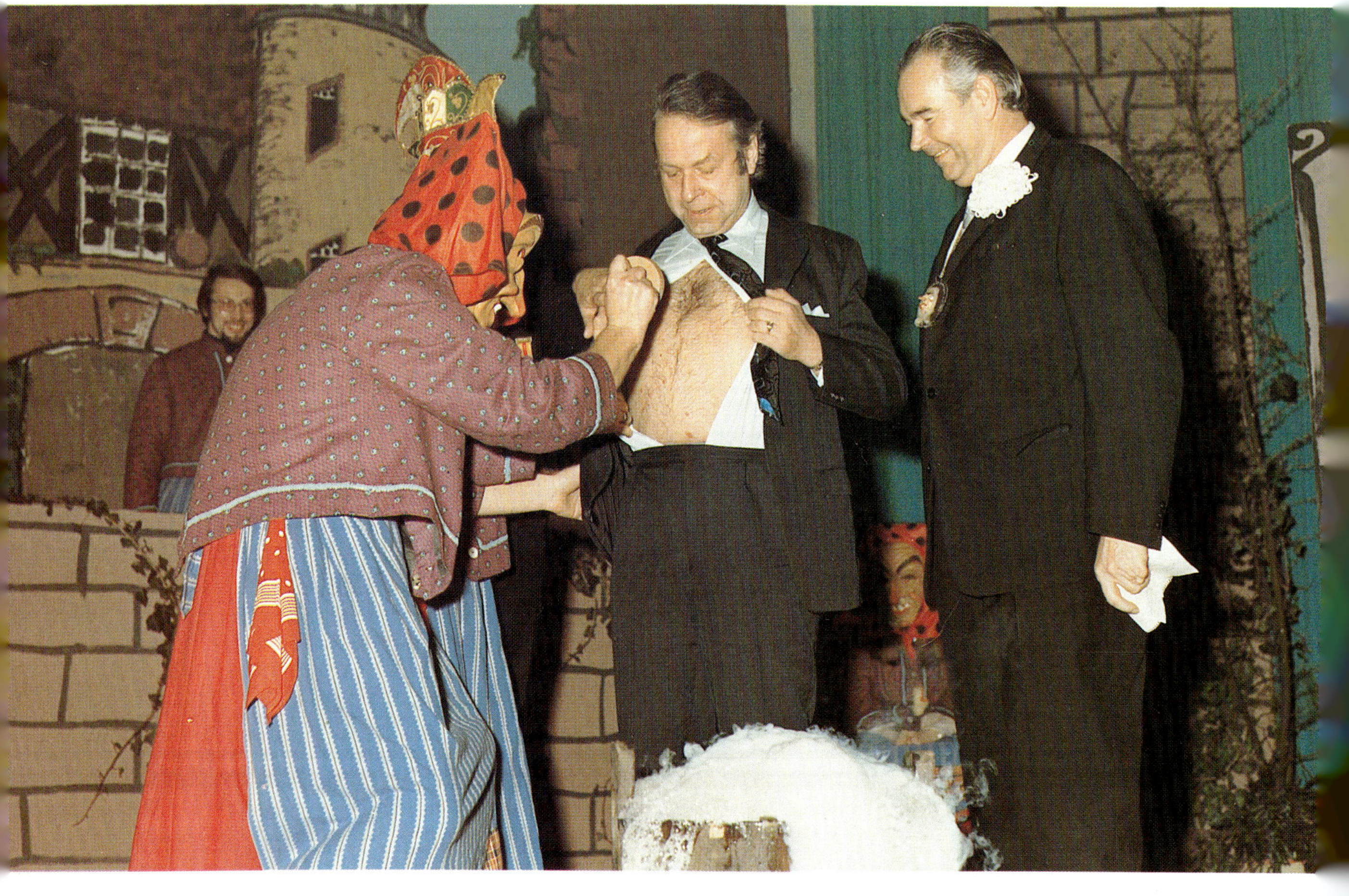

Offenburger Spättlehansele

Offenburg, Stadt und Mittelpunkt in der Ortenau, erfuhr seine erste fasnachtliche Erwähnung im Jahre 1726. Eine Figur, die dieses frühe Brauchtum bestätigt, ist der Spättlehansele, ein typischer Vertreter der Straßenfasnacht, heute mit einem Häs in den Farben Gelb, Grün, Blau, Rot, Schwarz und Weiß.
Mit »Spättle« bezeichnet man im Kinzigtäler und Schwarzwälder Sprachgebiet kleine Stoffreste, die vorwiegend dazu benützt werden, schadhafte Stellen an Kleidungsstücken oder anderen Textilerzeugnissen auszubessern. Solche wurden auch bei der ursprünglichen Form des Spättlegewandes dachziegelförmig zugeschnitten und auf einen alten Anzug aufgenäht – und nach der Fasent wieder abgetrennt – denn wer konnte es sich damals schon erlauben, einen Anzug nur an diesen Tagen zu tragen. Da im Zuge der Zeit die modische Entwicklung und maschinelle Fertigung auch vor den Narrengewändern nicht halt machte, dominieren heute meist aus Filz gestanzte Spättle in genau festgelegter Form- und Farbordnung.
Im Gegensatz zu den Spättlehästrägern des Hegaus und des Bodensees trägt der Offenburger Spättlehansele eine von dem Grafenhausener Holzbildhauer Heiner Stoll geschnitzte Holzlarve (Gruppenmaske) mit einem fröhlichen, lachenden Schalksnarrengesicht. Maskenabschluß und Kopfschmuck zugleich bildet eine sich nach oben verjüngende Spättlehaube in den schon erwähnten Farben. Um sich akustisch bemerkbar zu machen, hält er als närrisches Instrument eine Holzrätsche in der Hand.

Offenburger Hexe

Eine interessante Belebung und Bereicherung des Offenburger Fasnachtslebens sind die 1933 ins Leben gerufenen Hexen. Beim großen Narrentreffen der schwäbisch-alemannischen Zünfte 1935 in Offenburg waren sie zum erstenmal im Umzug zu sehen und fanden bei ihrer »Premiere« große Beachtung.

Anstoß zu dieser Figur gab seinen Initiatoren, dem Künstlerehepaar Vollmer, vermutlich ein alter Offenburger Narrenvers, denn lange zuvor erklang an Fasent der Ruf: »Schelle, schelle, Sechser, alti, alti Hexe!« (Laut örtlicher Überlieferung waren mit Schelle Sechser sechs Büttel gemeint, die die Bürger vor dem bösen Blick der abgeführten und der Hexerei beschuldigten Frauen warnen und schützen sollten.)

Die Offenburger Hexen tragen als Gewand den sogenannten »Peter« – eine mundartlich so bezeichnete dunkelgrundige, kleingemusterte Jacke –, einen roten Rock mit schwarzen Streifen, buntgemusterte Schürze, weiße lange Unterhosen mit Rüschen, Ringelsokken, Strohschuhe, rote Wollhandschuhe und natürlich den obligatorischen Besen. Charakteristisch sind außerdem sechs Strohzöpfe mit kleinen Schellen.

Die Gruppenmaske von Josef Tränkle aus Elzach zeigt ein typisches Hexengesicht mit Hakennase und großen Kugelaugen, bei denen nur die Pupillen ausgeschnitten sind. Als Maskenabschluß dient ein in der Form der gotischen Haube über ein Gestell gebundenes rotes Kopftuch mit weißen Punkten.

Zum vielseitigen Zeremoniell der Offenburger Hexen gehören ein Hexentanz, die Fasenttaufe, die Hexenverbrennung (das Verbrennen einer überlebensgroßen Strohfigur) sowie die aus Weck, Wurst und Bonbon bestehende Hexenfraßverteilung an die Jugend.

Offenburger Teufel

Wie viele Hexenzünfte besitzen auch die Offenburger Hexen einen Hexenmeister. Diese Einzelfigur, ein furchterregender Teufel, ist nicht nur ein zusätzlicher Akzent und ein bunter Tupfer in der Offenburger Fasent, sondern darüber hinaus eine einmalige Gestalt im gesamten schwäbisch-alemannischen Fasnachtsgebiet.
Über einem roten Obergewand trägt der Offenburger Teufel ein grünes Lederwams sowie eine durch einen Gürtel gehaltene rote Zottelhose.
Mit seiner ebenfalls aus der Werkstatt von Josef Tränkle stammenden Schreckensmaske erinnert er an ein Wesen, halb Mensch, halb Tier. Diesen Eindruck unterstreicht der mächtige Kopf mit seiner rüsselartigen Nase, seine Schweinsohren, die hauerähnlichen Zähne und die weit heraushängende Zunge. Eine Besonderheit sind zwei unter den mächtigen, geschwungenen Hörnern zusätzlich aus der Stirn heraustretende Stoß- bzw. Spießhörner sowie ein von der Unterlippe herunterhängender Bocksbart, der den diabolischen Gesamtausdruck eindrucksvoll untermalt.

Gengenbacher Spättle

Gengenbach im Kinzigtal kann eine alte fasnachtliche Vergangenheit nachweisen. Viele Geschichten berichten von lange zurückliegenden Begebenheiten, so u. a. auch eine Erzählung aus dem Jahre 1499, als das Aufstellen eines Narrenbaumes verboten war und findige Narren von einem Wachtturm den größten Feuerhaken abnahmen und mit ihm durch die Straßen zogen, nachdem sie ihn zuvor wie einen Narrenbaum geschmückt hatten.

Die Geburtsstunde des Gengenbacher Spättle könnte in der Zeit zu suchen sein, als auch die ärmere Bevölkerungsschicht an der Fasnacht teilhaben durfte. In der alten Reichsstadt Gengenbach war dies bis dahin ausschließlich den wohlhabenden Bürgern vorbehalten. Um beim fröhlichen Treiben nicht abseits stehen zu müssen, wußte man sich mit einer kostenlosen Verkleidung so zu helfen, indem man alte verschiedenfarbige Stoffreste, die schon erwähnten »Spättle« zu einem Narrengewand zusammennähte.

Auch die ca. 1200 Spättle des heutigen Gewandes sind aus bunten, oft gemusterten Stoffen ausgeschnitten und – das ist das Individuelle an diesem Narrenkleid – doppelt zusammengenäht, d. h. daß bei jedem Spättle Ober- und Unterteil verschieden ist. Sein Gesicht versteckt der Spättlenarr hinter einer von Hans Irion entworfenen Holzmaske mit angeschnitztem Haaransatz, in der Hand trägt er eine an einem Stock befestigte Saubloder oder eine Streckschere, von deren Verwendungsmöglichkeit er auf der Straße reichlich Gebrauch macht.

Gengenbacher Hexe

Wie viele andere Zünfte sehen auch die Gengenbacher den Ursprung ihrer Hexe in den mittelalterlichen Hexenprozessen und Hexenverbrennungen. Sie ist eine markante Straßenfigur der vier Wochen vor dem Fasnachtssamstag beginnenden Gengenbacher Fasend.

Im Gegensatz zu anderen im schwäbisch-alemannischen Fasnachtsgebiet bekannten Hexen, haben die von Gengenbach kein besonderes Narrengewand, sondern die heute noch von den Bäuerinnen getragene ländliche Tracht. Sie setzt sich zusammen aus dem schon bei den Offenburger Hexen erwähnten »Peter«, einem großen bedruckten Halstuch sowie einem langen, meist kleingemustertem Rock mit Schürze. Darunter tragen die Gengenbacher Hexen lange weiße Unterhosen bis unter die Knie, Ringelsocken und Strohschuhe.

Die aus Holz geschnitzte Gruppenmaske, für die die Zunft das Urheberrecht besitzt, hat folgende charakteristische Merkmale: lange Nase, hervorspringendes Kinn und riesige weiße Augäpfel mit nach innen schielenden Pupillen. Den Maskenabschluß bildet ein gemustertes Kopftuch.

Bekannt sind die Gengenbacher Hexen durch ihre waghalsigen Klettereien und großen Sprünge, wobei der Besen als Sprungstange eine wichtige Rolle spielt.

Zeller Bändele-Narro

Das Schwarzwaldstädtchen Zell a. Harmersbach besitzt vier Narrofiguren, die in der schwäbisch-alemannischen Fasnacht alle als einmalig bezeichnet werden können.
Da ist zunächst der erstmals 1790 erwähnte Bändele-Narro, aller Wahrscheinlichkeit nach eine Variante des heute nicht mehr existierenden Schilf-Narros (wurde wegen der kurzen Haltbarkeit des Materials aufgegeben).
Als vor den Toren von Zell eine Papiermühle entstand, kamen findige Narren auf die Idee, aus den Papierabfällen Streifen zu schneiden und auf einen dunklen Anzug und einen Strohhut aufzunähen. Nachdem seit den zwanziger Jahren die Papiermühle auch farbiges Papier herstellte, benähten die Zeller Hose, Kittel und Hut mit in Schleifen gelegten bunten Papierbändeln.
Die ursprüngliche Tuchmaske wurde 1929 durch eine von Glück u. Irion hergestellte Holzmaske, die ein lachendes braungetöntes Gesicht mit breitem Mund und weißer, regelmäßiger Zahnreihe zeigt, ersetzt. Zur weiteren Ausstattung des Bändele-Narros gehört außerdem ein in der Hand getragener Farrenschwanz mit einer aufgeblasenen »Saubloder«.

Zeller Schneckehiisli-Narro

Die wohl auffallendste Erscheinung in der Zeller Fasend ist die Figur des Schneckehiisli-Narro. Der eigentliche Ursprung dieser bis Ende der dreißiger Jahre nur als Einzelfigur bekannten Gestalt ist leider nicht mehr feststellbar.

Seinen Namen hat dieser Narro von 2000 bis 2500 Häusern der Weinbergschnecke, die auf einen dunklen Anzug aufgenäht sind. Ebenso garniert ist der dazu getragene Dreispitz aus schwarzem Filz.

Wie beim Bändele-Narro ersetzt auch hier eine Holzmaske die frühere Tuchmaske. Sie zeigt ein erstauntes, schelmisch lächelndes Männergesicht mit apfelartigen roten Backen und herausgestreckter Zunge. Ein wichtiges Requisit ist die in der Hand getragene Streckschere.

Früher trat der Schneckehiisli-Narro nur mit Unterbrechungen in Erscheinung, seit 1933 ist er jedoch bei jedem Umzug dabei. Daß die Anzahl der Träger dieses Narrengewandes verhältnismäßig klein ist mag darin begründet sein, daß die Anfertigung des Narrenhäs sehr langwierig ist, evtl. auch deshalb weil der Träger sich nicht setzen kann, da sonst die einen bestimmten Körperteil bedeckenden Schneckehiisli zerdrückt würden.

Zeller Spielkarten-Narro

Als weitere Variante des Bändele- bzw. Schilf-Narro hat sich der in der zweiten Hälfte des vorigen Jahrhunderts erstmals in Erscheinung getretene Spielkarten-Narro erhalten. Das ebenfalls dunkle und zweiteilige Gewand ist wie der Hut mit echten übereinandergenähten Spielkarten versehen. In der Hand wird als Schreckmittel eine Streckschere getragen.

Zeller Welschkorn-Narro

Ebenfalls in Anlehnung an den Schilf-Narro entstand um 1850 der Welschkorn-Narro mit einem Gewand aus übereinandergenähten Maiskolbenblättern.
Nachdem er viele Jahrzehnte in Vergessenheit geraten war, ist er seit 1953 wieder bekannt. Zur Ausstattung gehört ein Farrenschwanz mit »Saubloder«.
Beide Figuren tragen dieselbe Maske wie der Bändele-Narro.
Einige Beispiele aus dem für alle vier Zeller Narrotypen geltenden Brauchtum:
Am Fasend-Sonntag, zwei Stunden nach Mittag, Erweckung der Narro am Narrengrab, anschließend Umzug zur Wallfahrtskapelle und zum Abschluß Fasend in kleinen Gruppen durch alle Gassen und Lokale.
Fasend-Dienstag um Mitternacht, Beerdigung der Narro am Narrengrab (erstmals erwähnt 1752).

Haslacher Haselnarro

In Haslach im Kinzigtal, dem Geburts- und Sterbeort des Pfarrers und Volksschriftstellers Heinrich Hansjakob (1837 – 1916), pflegt die bereits 1842 gegründete Narrenzunft das Fasnachtsspiel seit jeher besonders. Als weiterer in der Fasnachtszeit liegender Brauch hat sich das sogenannte Peterlispringen bzw. der Storchentag erhalten, dessen Sinndeutung in der Reinigung der Felder und des Hofes von Schlangen, Kröten und ähnlichem Getier liegt.
Seit 1966 bereichert die sehr ansprechende Figur des Haselnarro zusätzlich das örtliche Narrenleben. Sein grün, gelb und braun gehaltenes Gewand soll an die Farben einer Haselstaude erinnern. Der Name selbst wurde aus dem Stadtwappen abgeleitet, dort findet man als Zeichen der Gerichtsbarkeit die schon erwähnte Haselstaude.
Die von Josef Tränkle aus Elzach geschnitzte Gruppenmaske stellt einen gutmütigen Narren dar. Sie ist ganz dem Zeitgeschmack angepaßt, da durch eine farblose Oberflächenbehandlung der Holzcharakter sehr gut zur Geltung kommt. Als Kopfbedeckung und Maskenabschluß dient ein großes Haselnußblatt aus grünem Filz. Zum Haselnarro gehören außerdem eine dunkelbraune Hose und Strohschuhe sowie ein in der Hand getragener kleiner Schellenbaum mit Holzhaselnüssen.
Eine interessante Eigenheit: Sämtliche Masken sind numeriert.

Wolfacher Wohlaufmann

Zu den überlieferten Bräuchen der jahrhundertealten Wolfacher Fasnet zählt der »Wohlauf« – ein am »Schellenmöntig« (Fasnachtsmontag) morgens um 5.30 Uhr beginnender Umzug, bei dem an neun verschiedenen Stellen vom Wohlaufmann in einem im Umzug mitgeführten Bett folgendes Lied gesungen wird:

Wohlauf! Wohlauf!
Ihr Narren, hört, vernehmt und wißt:
Der Narrotag erstanden ist.
Der Tag fängt an zu leuchten
Den Narro wie den Gscheiten.
Der Narrotag, der nie versag,
Wünsch allen Narro e guete Tag.

Der Wohlaufmann und alle Teilnehmer (ca. 1200 – 1400) erscheinen als Hemdglonker, also im Nachthemd mit Zipfelmütze, weibliche Teilnehmer auch im weißen Unterrock, Bettjacke und Schlafkäpple. Stall-Laternen und mitgeführte Lärm- und Radauinstrumente sorgen für die optische und akustische Begleitung.

Dieser älteste Wolfacher Umzug dürfte in seinen Ursprüngen auf das altheidnische Winter- und Dämonenaustreiben zurückgehen. Seit etwa dem Jahr 1800 ist er nachweisbar mit Bett und Schläfer bzw. Sänger und Lied. Letzteres, eine Parodie auf ein altes Nachtwächterlied, ist in verschiedenen Versionen bekannt und reicht vermutlich bis ins 13. Jahrhundert zurück.

Wolfacher Schellenhansel

Der Schellenhansel ist ein typischer Hanswurst, wie er durch Abbildungen aus der Epoche des Barocks bekannt ist. Es gab ihn ursprünglich in verschiedenen Farben und Abarten, beliebt war besonders im letzten Jahrhundert das Gewand mit Streifenmuster. Auf der Suche nach einer einheitlichen Form wurde 1927 der Schellenhansel nach dem Vorbild von etwa 1865 mit einem schwarz und gelb eingefaßten Häs aus weißem Stoff neu gestaltet.
Da sich im Laufe der Jahre immer mehr das Bestreben durchsetzte, zu den alten Formen zurückzukehren, erhielt 1934 der Schellenhansel sein heutiges Gewand in den Stadtfarben Gelb und Blau, Ärmel und Hose mit etlichen Reihen von Zacken besetzt und mit kleinen Schellen versehen. Die hierzu getragene Narrenkappe erhielt als Zierde eine Zackenkrone, an deren Spitzen ebenfalls kleine Schellen befestigt sind. Die Brust schmückt ein aufgemalter Wohlaufmann.
Die in Anlehnung an alte Wolfacher Larven aus dem 18. Jahrhundert getragenen Holzmasken sind nicht völlig einheitlich, jedoch ähnlich. Sie wurden in den letzten 40 Jahren von verschiedenen Schnitzern gefertigt.
In der Hand trägt der Schellenhansel eine Narrenpritsche oder eine Saubloder, mit der er seine gut gemeinten Schläge austeilt.

Wolfacher Mehlwurmhansel

Der Name findet im ganz in Weiß gehaltenen Narrengewand seine Bestätigung. Mit seiner ebenfalls weißen Schalksnarrenkappe, mit ihren beiden nach unten hängenden, schellenbesetzten Hörnern, erinnert er an die auf Bildern des 14./15. Jahrhunderts dargestellten Narren und Possenreißer.

In früherer Zeit, etwa bis zum Beginn des Ersten Weltkrieges, trug der Mehlwurmhansel keine Larve. Er schmierte das Gesicht mit einer Speckschwarte ein, blies in die Mehlschublade und das »Make up« war fertig. Die heutigen von verschiedenen Schnitzern hergestellten Masken zeigen ein typisches Hanswurstgesicht, jedoch in weißer Farbtönung mit gelblicher Patinierung.

Das zweiteilige Narrenhäs, dem alten Original des ursprünglichen Wolfacher Hansel angepaßt, ist ebenso wie die Narrenkappe nach unten in Zipfel zugeschnitten und mit kleinen Schellen besetzt. Wie auch die gelb-blauen Schellenhansel präsentieren die »Mehlwürmer« auf der Brust einen aufgenähten Wohlaufmann. In der Hand wird eine Saubloder oder an einem Stock ein Fuchsschwanz getragen.

Wolfacher Röslehansel

Die ursprüngliche Figur dieses nach mündlicher Überlieferung im Jahre 1960 neu gestalteten Hansel dürfte dem Barock oder dem Rokoko entstammen. Die in einfacher, glatter Form gehaltene Holzlarve gab der Narrengestalt ihren Namen. Sie ist nach Vorbildern aus den Jahren um 1760 gefertigt und auf der Stirn mit einer roten Rose bemalt.
Aus etwa derselben Zeit stammt eine weitere Holzmaske mit einer von Rankenwerk umgebenen gelben Blume auf der Stirn und einem großen schwarzen Halbmond auf der linken sowie einem kleinen pfeilartigen Zeichen auf der rechten Backe. Sie wurden 1975 mit dem aufs neue ins Leben gerufenen »schwarzen Röslehansel« erstmals wieder der Öffentlichkeit vorgestellt. Beide Masken sind dank dieser Bemalungen einzigartig im gesamten europäischen Fasnachtsbrauchtum.
Das rohleinene Häs ist mit roten bzw. schwarzen Rosetten, in deren Mitte sich eine kleine Schelle als Butzen befindet, besetzt. Den Halsabschluß bildet eine Krause. Der rote und schwarze Röslehansel trägt außerdem einen mit entsprechenden Rosetten besetzten hohen Gupfhut, weiße Handschuhe und Strohschuhe sowie rote bzw. schwarze Strümpfe.
In Anlehnung an einen Brauch aus dem 18. Jahrhundert führt er eine Spritze mit sich, die im Gegensatz zu früher nicht mehr mit Wasser, sondern mit Konfetti gefüllt ist.

Wolfacher Nußschalenhansel

Dieser Hansel verdankt seinen Namen einem grünen Häs aus Halbleinen. Es ist mit 2000 bis 3000 Nußschalenhälften so benäht, daß die Rundungen der Schalen immer nach außen kommen. Die Figur selbst wurde 1960 nach Unterlagen aus dem Jahre 1850 neu gestaltet, erinnert jedoch in ihrer Charakteristik an viel ältere Typen, z. B. an Wildmänner! Es ist aber durchaus möglich, daß die Vorläufer sogar in den unergründlichen Gebieten des Kultischen zu suchen sind.

Als Muster für die in vielen Exemplaren getragene nußbaumfarbene Holzmaske diente eine alte Wolfacher Holzlarve aus den Jahren um 1780. Dieses Urbild hat nicht den bei diesen Figuren sonst üblichen unheimlichen Ausdruck, sondern zeigt ein philosophisch lächelndes Gesicht. Gefertigt werden die heutigen Masken von verschiedenen Schnitzern.

Zur weiteren Ausstattung der im deutschen und wahrscheinlich auch europäischen Fasnachtsbrauchtum einmaligen Gestalt gehören außerdem Strohschuhe und dunkle Handschuhe sowie eine Streckschere oder eine Saubloder. Eine weitere Besonderheit ist eine am Hinterkopf getragene Raubvogelfeder.

Wolfacher Alte Rungunkel

Mit Sicherheit hat der in den dreißiger Jahren von Offenburg seinen Anfang nehmende Hexentrend auch bei dieser Gestalt Geburtshilfe geleistet. Mitbestimmend war außerdem die Erwähnung der Rungunkel in dem etwa 1785 entstandenen Wolfacher Fasnetspiel von der Altweibermühle. Es wird dort u. a. im Text dieser Name genannt, der sich auf ein altes Weib bezieht, das nur noch den ganzen Tag am Spinnrad (an der Kunkel) sitzt. Auch ist folgender sich mit dieser Figur befassender alter Fasnetspruch bekannt: »Alte Rungunkel, hot d Schäfe verbrennt – un isch mit em Kochlöffel d Schdege nabgrennt.« (Schäfe = trockene Bohnenschoten, auch Ausdruck für so geartete alte Weiber.)

In Erinnerung an diesen Vers trägt auch die Alte Rungunkel nicht den üblichen Hexenbesen, sondern den vorstehend erwähnten Kochlöffel. Das Gewand dieser um 1960 entstandenen Hexengestalt entspricht im allgemeinen einer bäuerlichen Werktagskleidung mit blauem Peter, Schürze und Rock. Ausgenommen das über ein Drahtgestell hochgebundene, meist schwarze Kopftuch mit roten Tupfen sowie die bei fast allen Fasnethexen typische Fußbekleidung – Ringelsocken und Strohschuhe.

Ganz ihrer Bedeutung angemessen, präsentieren sich die hauptsächlich von Hubert Herr aus Hornberg geschnitzten Masken, die durch ihr Aussehen die oft gemachte Feststellung bestätigen, daß die Verwandlung in alte bzw. häßliche Weiber schon immer zu den beliebtesten Maskierungsformen gehört hat.

isch mit dem

Schramberger Hansel

Als älteste Narrenfigur der an der Schiltach liegenden Fünftälerstadt Schramberg gilt der Hansel. Der Gesichtsausdruck der von Cajetan Schaub geschaffenen Gruppenmaske ist zurückhaltend freundlich, man kann fast sagen, majestätisch. Diesen Eindruck unterstreicht und verstärkt ein kleines Knebelbärtchen.
Der die Maskenhaube schmückende Fuchsschwanz versinnbildlicht die Schlauheit des Narren, die fein plissierte gelbe Halskrause erinnert an die höfische Zeit des 17. Jahrhunderts. Auf der Joppe sind Hase und Fuchs, auf der Hose Löwe und Bär zu sehen. Den Rükken ziert das Schramberger Stadtwappen. Die bemalten Ärmel zeigen auf der Unterseite eine Wurst, einen Rettich, einen Lauchstengel sowie einen Salatkopf, auf der Vorderseite Tulpen und Schmetterlinge. Alles deutet auf den herannahenden Frühling hin. Die Sonnenuhr auf der Gesäßseite erinnert außerdem an die heimische Uhrenindustrie. Als rückseitiges Dekor der Hosenbeine sind Hans und Gretel zu erkennen, er trägt die Narrenwurst, sie den Kamm zum Strählen. Zur Ausstattung gehören ferner schwarze Schuhe, schwarze Strümpfe, weiße Handschuhe, ein um den Leib getragener breiter Schellengürtel sowie eine Brezelstange.
Das Verteilen von Brezeln geht auf die Zeit von 1851 bis 1853 zurück. Damals versuchte die gräfliche Familie von Bissingen die in diesen Jahren herrschende Hungersnot dadurch zu lindern, daß sie den Bäckern Mehl zur Verfügung stellte. Um die Fasnetzeit wurden hiervon Plätzchen gebacken und an die Kinder verteilt. Anstelle der Plätzchen kam im Laufe der Zeit die Brezel, und so werden heute noch ca. 30 000 Stück an Kinder und Erwachsene verschenkt.
Ein interessantes Verbot:
Nach dem Betzeitläuten darf der Hansel sein Geschell nicht mehr tragen.

Schramberger Narro

Malermeister Karl Willomitzer schuf im Jahre 1950 diese neue Narrengestalt, die im Gegensatz zum »klassischen« Narro mit zwei Hörnern ausgestattet ist. Die aus Lindenholz hergestellte Maske wurde nach dem Modell von Johannes Eisele erstmals von Robert Volk geschnitzt und vom Schöpfer dieser Figur, K. Willomitzer, bemalt.

Das Narrengewand, ein overallartiger Anzug und Bolero, erhielt mit Stoffarben folgende Darstellung: Ein kleines Stadtwappen mit Zahnrad auf der Brust, Fohrenzapfen und Stechpalmen auf dem Anzug, Silberdisteln, Schmetterlinge und Glückskäfer auf den Ärmeln. Alles Motive, welche die heimatliche Verbundenheit symbolisieren. Die Vorderseite der Hose zeigt ein altes Schramberger Trachtenpaar, die Rückseite zwei bekannte einstige »Originale«, den Glaser Reuter und den »Endivienbutz«. Wie beim Hansele ist auch beim Narro das Gesäß mit einer aufgemalten Uhr geschmückt. Auf der Rückseite des Boleros die »hoorig Katz«.

Der Schramberger Narro trägt nicht wie der Hansel ein, sondern zwei Fuchsschwänze, erscheint demnach also doppelt so schlau. Die eingangs schon erwähnten Hörner verraten, daß er außerdem als echter Narr seine Mitmenschen gerne glossiert und sinnbildlich auf die Hörner nimmt, wobei das zu ihm gehörende Narrenbuch wertvolle Hilfe leistet.

Schramberger Brueli

Als in den Jahren nach Kriegsende sich die Fasnet wieder zu regen begann, entstanden vielerorts neue Narrenfiguren. So auch in Schramberg, das 1948 mit seinem »Brueli« eine weitere Fasnetgestalt erhielt. Diese Figur sollte die nach dem Kriege herrschende allgemeine Verbitterung und Armut zum Ausdruck bringen.
Die von Karl Schaub nach der Idee von Johann Eisele geschnitzte Gruppenmaske stellt treffend hierzu einen typischen Pessimisten dar. Tiefe Sorgenfalten durchziehen sein Gesicht, die Mundwinkel sind nach unten gezogen, und aus beiden Augen fließen dicke Tränen.
Joppe und Hose des Brueli sind aus unbemaltem groben Sackrupfen. Am unteren Saum sind zwei Reihen von schwarz-gelben Stoffflecken angenäht. Auf dem Rücken die »hoorig Katz«. Im Gegensatz zum Narro und Hansel hat der Brueli kein Geschell, dafür aber ein großes »Sacktuch«, um seine Tränen abzuwischen. Wie bei einem Pessimisten nicht anders zu erwarten, hat er grundsätzlich, auch bei schönstem Sonnenschein, einen Regenschirm bei sich. Da an seinem Arm außerdem ein Korb voll Süßigkeiten zum Auswerfen hängt, ist er bei jung und alt gleichermaßen beliebt.

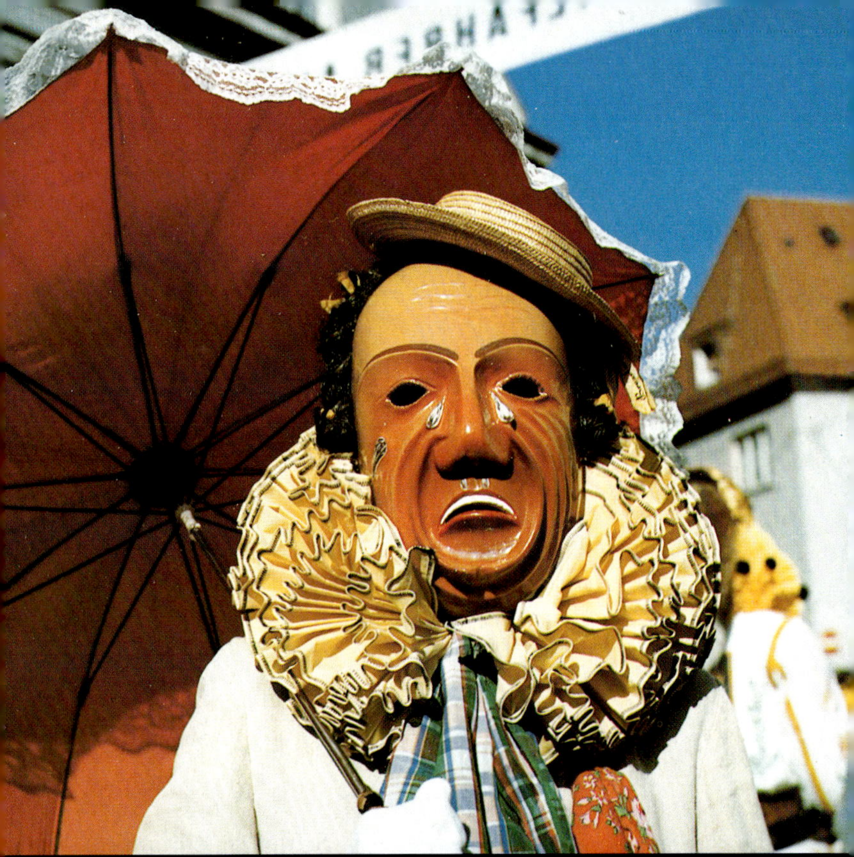

Schramberger Da Bach-na-Fahrer

In Erinnerung an die Flößer, die einst die Schiltach hinunterfuhren, wurde der Narrentyp des »Da Bach-na-Fahrer« ins Leben gerufen (Da Bach na = den Bach hinunter).
Dem Vorbild dieser Flößer entspricht auch das Narrenkleid, ein gestreiftes Hemd, schwarze Hose und ebenfalls schwarze Rohrstiefel. Eine Besonderheit ist ein um den Leib getragener kleiner Holzzuber mit der Aufschrift: »Da Bach na, da Bach na mit Kummer un mit Sorga, bis am Asch-, bis am Asch-, Aschermittwochmorga.«
Die aus der Werkstatt von Karl Schaub stammende Gruppenmaske präsentiert sich mit dem Gesichtsausdruck von Zahnarzt Dr. Erwin Grüner, der die Idee zu dieser Figur hatte. Maskenabschluß ist eine schwarze Zipfelmütze.
Der Fasnetbrauch der »da Bach-na-Fahrt« geht auf das Jahr 1936 zurück. Damals war der Fasnetmontag und -dienstag noch kein arbeitsfreier Tag. Einige beherzte Narren beschlossen deshalb durch eine Fahrt auf der Schiltach – im Volksmund Kirchbach genannt – möglichst viele Menschen von der Arbeit fernzuhalten. Daß dieses Vorhaben voll und ganz gelungen ist wird dadurch dokumentiert, daß der Fasnetmontag seither in Schramberg ein offizieller Feiertag ist.

na, da Bach na.
un mit Sorga.

St. Georgener Fohrenbobbele und Kräuterwieble

Die aus einer Klostergründung im Jahre 1084 hervorgegangene Bergstadt St. Georgen im Schwarzwald hat in ihrer Mitte der sechziger Jahre gegründeten Narrenzunft u. a. die beiden Fasnetgestalten Fohrenbobbele und Kräuterwieble.

Als Modell für die Gruppenmaske des Fohrenbobbele empfahl sich der in der waldreichen Umgebung oft anzutreffende, in heimischer Mundart interessanterweise »Tannegiggele« genannte Fohrenzapfen. Bildhauermeister Otto Pfaff aus Schonach verstand es hervorragend, dieser landschafts- und naturbezogenen Maske, deren urwüchsiges Gepräge durch echte Baumflechten und Moos noch verstärkt wird, die verschmitzte Wesensart des Schwarzwälders zu verleihen. Das mit echten Fohrenzapfen besetzte Häs ist auf der Rückseite mit einem handgemalten Eichhörnchen geschmückt, auf der Hose sind ebenfalls Fohrenzweige in gleicher Ausführungsform zu sehen. Weitere Requisiten sind ein über der Brust getragenes Geschell sowie ein Fuchsschwanz.

Symbolfigur für das Kräuterwieble war eine Waldfrau, die laut Überlieferung vor vielen Jahren in den Wäldern um St. Georgen Kräuter suchte, um damit Krankheiten zu heilen. Die holzgeschnitzte Gruppenmaske stammt ebenfalls aus der Werkstatt von Otto Pfaff, sie vermittelt in ihrem Ausdruck Güte und Lebensweisheit.

Typisch für diese Figur ist der mit verschiedenen Kräutermotiven bemalte Rock, der farbige Schirm sowie ein geflochtener Korb, aus dem das Kräuterwieble Schwarzwälder Spezialitäten und einen echten Kräuterlikör unter die Leute verteilt.

Triberger Federeschnabel

Triberg, Kur- und Wallfahrtsort im mittleren Schwarzwald, ist nicht nur stolz auf die weit über die Landesgrenzen hinaus bekannten Wasserfälle, sondern auch auf seine im gesamten fasnachtlichen Brauchtum einmalige Gestalt des »Federeschnabel«. Da die Geburtsstunde dieser ganz in Vogelfedern gehüllten, exotisch wirkenden Figur im dunkeln liegt, kann der oft vertretenen Auffassung, sie sei mindestens 400 Jahre alt, nicht widersprochen werden. Auch die Gründe die zu ihrer Entstehung führten, dürften mit größter Wahrscheinlichkeit im mystischen Bereich zu suchen sein, wurden den Vögeln doch schon seit Urzeiten die unterschiedlichsten Bedeutungen beigemessen. Galten die einen als Symboltiere oder Glücksboten, betrachtete man die anderen als Unglücksbringer. Ebenso weist die Mythologie immer wieder auf vogelähnliche Gestalten und auf in Vögel verwandelte Götter hin.

Das Gewand des Federeschnabels, dessen ältestes Exemplar übrigens nach dem Ersten Weltkrieg aus hygienischen Gründen verbrannt werden mußte, bestand ursprünglich aus Federn einheimischer Vögel. Bei der heutigen Ausführung dominieren bunte präparierte Federn verschiedener Herkunft. Eine Haube, in gleicher Art wie das Gewand mit Federn besetzt, läßt die aus Holz geschnitzte Maske mit dem raubvogelartigen mächtigen Schnabel noch gefährlicher erscheinen. Als Modell hierfür diente eine alte aus Zinkblech getriebene, lasierte und bemalte Larve, die sich heute im Besitz des Triberger Heimatmuseums befindet.

Triberger Teufel

Als Nachfolger des heute nur noch ganz selten im Triberger Fasnetgeschehen anzutreffenden Spättlehansel kann dieser mit allen diabolischen Attributen ausgestattete Teufel angesehen werden. Seine individuelle Entstehung jedoch verdankt er dem Holzbildhauer Friedrich Pfahrer, der 1893 eine hämisch grinsende Teufelsmaske mit Kinnbart, Stirnhaaren und kleinen Hörnern schnitzte. Der einheimische Schneidermeister Karl Erhardt, der nebenbei noch Fasnetgewänder verlieh, erwarb diese Maske und fertigte für den Triberger Teufel ein ganz in Rot gehaltenes, mit schwarzen Zickzack Galonen verziertes Gewand. Hinzu kamen noch zwei gekreuzt getragene Schellenriemen sowie eine schwarze Halskrause, schwarze Handschuhe und ein an der Maskenhaube hängender Fuchsschwanz. Um erst gar keinen Zweifel an seiner Autorität aufkommen zu lassen, bewaffnete man ihn außerdem mit einer kurzstieligen Klopfpeitsche.
Aufgrund seiner Beliebtheit war es nur eine Frage der Zeit, wie lange sich der Teufel als Einzelfigur im Triberger Fasnetleben behaupten würde. In den Jahren nach Ende des Zweiten Weltkrieges setzte die erwartete Expansion ein, so daß als sichtbarer Popularitätsbeweis heute über hundert Triberger Teufel die örtliche Narrenszenerie beherrschen und der Straßenfasnacht ihren ganz persönlichen Stempel aufdrücken.

Triberger Roter Fuchs

Nicht nur Reineke Fuchs, der in dem bekannten Volkslied die Gans gestohlen hat, fällt unter diesen Namen, sondern auch ein rotbrauner Tagfalter und ein Pferd, bei dem Mähne, Schweif und Körper von gleicher braunrötlicher Farbe ist. Weiterhin gilt als Fuchs das dem Fuchsmajor unterstellte Mitglied einer Studentenverbindung im 1. und 2. Semester sowie ein Mensch mit roten Haaren.

Worauf der Rote Fuchs von Triberg Bezug nimmt, verrät eindeutig sein Äußeres. Diente schon vielen Narren der Fuchsschwanz als Zeichen närrischer Schläue, so verkörpert diese Gestalt das als klug und listenreich aber auch verschlagen geltende Tier insgesamt. Weniger eindeutig sind die sich auf seine Entstehung beziehenden Auslegungen. Von den verschiedensten Versionen dürfte die am glaubwürdigsten sein, die eine Parallele zum Triberger Teufel vermutet, erschien der Fuchs doch schon in uralten Sagen und Überlieferungen u. a. als Hexe oder Spukgestalt, ja sogar als Luzifer.

Das ganz auf eine naturbezogene Wiedergabe abgestimmte Narrenhäs dieser schon einmal fast in Vergessenheit geratenen und 1928 wieder zu neuem Leben erweckten Figur ist mit Fuchsfellen so bedeckt, daß an den Seiten die rote Farbe des Stoffes sichtbar bleibt. Zum Gesamtbild gehören außerdem schwarze Schuhe und gleichfarbige Handschuhe sowie die schon beim Teufel erwähnte Klopfpeitsche. Nahtlos paßt sich auch die braungetönte Fuchskopflarve mit ihren angeschnitzten Ohren an. Maskenabschluß und Kopfschmuck zugleich ist eine rote, fellgeschmückte Haube.

Schonacher Geißenmeckerer und Geißenmagd

In Schonach, dem idyllischen Sommer- und Winterkurort im mittleren Schwarzwald, bestimmt seit 1956 der Geißenmeckerer das fasnachtliche Bild. Seine hohe Zeit liegt hauptsächlich zwischen dem schmutzigen Donnerstag und dem Aschermittwoch, wo er auf den Straßen und in den Lokalen der Stadt als »Strähler« seines närrischen Amtes waltet.

Wesen und Art dieser Figur ist von einer Sage abgeleitet, die von einem schalkhaften, wilden Gesellen berichtet, der sich in den umliegenden Wäldern herumgetrieben haben soll. Namensbezogen präsentiert sich der Geißenmeckerer mit einer prächtigen, von dem einheimischen Holzbildhauer Otto Pfaff hergestellten Holzlarve, deren tierähnliche Ausdrucksform durch ein als Maskenabschluß getragenes, echtes Ziegenfell zusätzlich betont wird. Zur weiteren Bekleidung gehört eine Hose und Jacke aus braunem Teddystoff, weiße Handschuhe sowie ein über den Schultern hängender schwarz-grüner Umhang. Ein kurzer Peitschenstock mit einem daran befestigten Fuchsschwanz ist ein ebenso wichtiges Utensil des Geißenmeckerers wie das um den Hals getragene Glockengehänge, das sein Erscheinen und Auftreten schon von weitem ankündigt.

Als närrische Begleiterin hat sich der Geißenmeckerer die Geißenmagd auserwählt, eine Gestalt, die in ihrer gesamten Erscheinung eine ideale Ergänzung darstellt. Erwähnenswert die ebenfalls aus der Werkstatt von Otto Pfaff stammende originelle Gruppenmaske.

Elzacher Schuttig

Der Ursprung der Elzacher Fasnet und ihrer Narrengestalten liegt weitgehend im dunkeln. Auch über den Namen »Schuttig« ist sehr viel gerätselt worden. Am wahrscheinlichsten ist die Version, daß er – vor langer Zeit auch Schurdig genannt – von dem Schur- oder Schauertag abgeleitet wurde. (So nannte sich früher einer der Fasnettage, erstmals bekannte Erwähnung 1642.)
Der Schuttig ist in der Elzacher Fasnet die dominierende Figur. Ursprünglich trug er ein Gewand aus braunen oder rostroten Lumpen und wirkte mit seinen damals rußgeschwärzten Händen wie ein leibhaftiger Dämon. Im Laufe der Zeit wurde er jedoch mehrfach reformiert, zuletzt im Jahre 1911. Seither trägt er zum flammendroten Zottelgewand ein weißes Halstuch und am dreispitzförmigen, mit Schneckehüsli besetzten Strohhut anstelle weißer Papierbollen solche aus roter Wolle. Als Lärm- und Schreckinstrument werden an Hagenschwänzen und Haselstecken befestigte »Saublodere« bevorzugt. Seit langem beliebt sind außerdem hölzerne Streckscheren.
Besonders auffallend sind die vielen verschiedenartigen zum Schuttiggewand getragenen holzgeschnitzten Masken (wie in anderen Schwarzwaldorten auch hier Larve genannt). Dieser Variantenreichtum ist vor allem darin begründet, daß fast jeder Narr mehrere unterschiedliche Masken besitzt und diese öfter wechselt. Auf die Charakteristik bezogen kann man sie in folgende Hauptgruppen zusammenfassen: »die Gfrisse«, die »Langnasen«, die »Lätsche«, die »Fratzen«, die »Mundle« sowie die Teufels- und Bartbzw. Wildmännerlarven.

Elzacher Schuttig vor 1911

»Schudreck, Schudreck mit de Schäre moch die alte Wieber z'bläre«

Alter auf den Schuttig bezogener Kinderreim

oben: »Fratze und Wildmännerlarve«
unten »Dotegfriss«

Schuttig mit Teufelsmaske

Elzacher Teufelslarve

Elzacher Schuttig beim traditionellen Fackelzug

Elzacher Teufelsschuttig

Mit einer weiteren Schreckensmaske machte erstmals 1911 das Elzacher Narrenvolk Bekanntschaft. Es handelt sich um eine ausdrucksvolle, schwarzgefaßte Teufelsmaske, deren diabolisches Aussehen ein gefährlich anmutendes höhnisches Grinsen noch zusätzlich unterstreicht.
Wie alle Schuttignarren trägt auch dieser schwarze Teufel den schweren mit Schneckehüsli besetzten Strohhut in Dreispitzform, jedoch mit schwarzen Wollbollen und ebenfalls in Abweichung vom herkömmlichen Schuttig ein schwarzes Zottelgewand. Als Anführer der Umzüge bildet diese mit einer dreigezackten Gabel bewaffnete Gestalt einen prächtigen Kontrast zum großen Heer der leuchtend roten Schuttignarren.

Elzacher Rägemolli

Diese leider fast völlig aus dem Elzacher Fasnetleben verschwundene altüberlieferte Figur ist ebenfalls ein Schuttig mit Dreispitz und Maske. Sein gelbes mit schwarzen Punkten bemaltes Gewand weicht jedoch von dem des Schuttig gravierend ab, zumal es noch zusätzlich mit Fruchtbarkeitssymbolen und auf dem Rücken mit einer Sonne bemalt ist.
Aller Wahrscheinlichkeit nach ist es auch dieses Häs, dem der Träger seinen Namen verdankt, denn seine Tupfen erinnern an einen Regenmolch (Feuersalamander), den man in Elzacher Mundart seit eh und je Rägemolli nennt.

Oberwindener Spitzbue

Der seit Jahrhunderten im Elztal dominierende Schuttig erhielt im Jahr 1954 mit dem Oberwindener »Spitzbue« zusätzlich zum geographischen auch einen närrischen Nachbarn.
Pate hierfür stand vorwiegend der aufgrund der waldreichen Umgebung früher oft anzutreffende Holzfuhrmann, von dessen gefährlichem Handwerk manches Bildstöckle trauriges Zeugnis ablegt. Die von ihm getragene Fuhrmannsbluse, die Hose und die im Winter so schön über die Ohren zu ziehende Zipfelmütze boten sich von Form und Schnitt her geradezu an. Ebenso wurde das unentbehrliche »Duwakspfiefle« mit übernommen. Auch selbstgestrickte Handschuhe und Strümpfe sowie die von vielen Bewohnern als Neben- manchmal auch als Hauptverdienst hergestellten Strohschuhe schmückten fortan diese die heimatliche Verbundenheit ganz individuell zum Ausdruck bringende Narrengestalt. Daß natürlich in einem Ort, der seit alters her für Frohsinn und Geselligkeit bekannt war, auch dem Schalk und Humor Rechnung getragen wurde, ergibt sich schon aus dem Namen »Spitzbue« und der von dem 1961 verstorbenen Elzacher Bildhauer Fritz Disch als Prototyp hergestellten Holzlarve mit Lausbubengesicht und Himmelfahrtsnase.
Der großzügige Schnitt des Narrenkleides gestattet Spitzbuebe beiderlei Geschlechts ins Häs zu schlüpfen, ohne als Mann oder Frau erkannt zu werden. (Von der Natur mit besonderen Proportionen bedachte Närrinnen ausgenommen.) Eine typische Geste des stets einen Schirm mit sich tragenden Spitzbue ist »die lange Nase«, eine Ausdrucksform, die schon der »Narrensamen« meisterlich beherrscht.

Niederwindener Schindlejokel

Schon lange und weithin als Schindelmacherdorf bekannt, wurden in Niederwinden, besonders als Nebenverdienst in der Winterzeit, die zur Verkleidung der Hauswände beliebten Schindeln hergestellt. Daß sich dieser Hergang oft in der Stube in gemütlicher Runde bei Most, Schnaps, Speck und viel Spaß abspielte, sei nur am Rande vermerkt. Bereits vor dem Ersten Weltkrieg war es im Dorf Sitte, in Ausübung des Heischebrauches, als verkleideter Narr »in die Häuser« zu gehen. Auch in den Nachkriegsjahren, hauptsächlich von 1922 bis 1930, gestalteten überzeugte Narren bunte Abende und Umzüge, von denen eine aus dieser Zeit erhaltene alte Fahne Zeugnis ablegt.

Trotz dieser erblichen Belastung mußten die Niederwindener bis 1962 warten, ehe sie mit dem »Schindlejokel« eine dorfverbundene Fasnetfigur erhielten. Für die Holzmaske zeichnet Albert Schonhardt aus Simonswald verantwortlich, dem mit der Darstellung eines alten verschmitzten Männergesichts eine hervorragende Anpassung an die gesamte Erscheinung des in Rot und Schwarz gekleideten Jokels gelang. Das als Gürtel getragene weiße Seil ist als Narrenseil zu verstehen, an dem bekanntlich in besagtem Spruch jemand herumgeführt wird. Interessant ist auch die oben sehr weite, dafür unten um so kürzere Hose, deren Schnitt die echten schafwollenen Strümpfe und die derben Holzschuhe sehr gut zur Geltung bringt. Als Besonderheit hat der Jokel seitlich an der Hose sowie am Seil und Koller ca. 70 nachgebildete Schindelwellen im Maßstab 1:10. Um seine Hände nicht überflüssig erscheinen zu lassen, erhielt er außerdem einen Holzschlegel wie ihn früher die Schindelmacher benutzten. Allerdings kann dieser von innen beleuchtet werden und sorgt deshalb für einen besonderen optischen Effekt, wenn 40 bis 50 springende Jokel nachts mit ihm ihre Kreise ziehen.

Windener Narren-Kaleidoskop

Bleibacher Silberklopfer

Mit der 1965 ins Leben gerufenen Fasnachtsgestalt des Silberklopfers wurde dem vielseitigen Wunsch Rechnung getragen, die Erinnerung an das ehemalige Silberbergwerk wachzuhalten. Diesem Gedanken entspricht auch das überlegt gestaltete Häs, das verschiedene Gegebenheiten der schweren Arbeit unter Tage sehr gut zum Ausdruck bringt. Das aus Silberstoff salopp zugeschnittene Oberteil verläuft nach unten in spitzen Zacken, an deren Enden jeweils eine kleine Silberschelle angeordnet ist. Stoff und Form sollen hierbei das Gestein im Bergwerk symbolisieren.
Auch das mühevolle Plagen unter den damals bestimmt nicht leichten Umständen charakterisiert die von Albert Schonhardt geschnitzte Gruppenmaske, die ein bärtiges Bergmannsgesicht zeigt, treffend. Ebenso erinnert eine kleine brennende Laterne an der Spitze der als Maskenabschluß getragenen schwarzen Mütze an die Grubenlampe der Steiger und die damit verbundene Dunkelheit im Stollen. Die rote Farbe der Hose ist gleichfalls nicht willkürlich gewählt, sondern spiegelt die Grundfarbe des Gemeindewappens wider. Zum optischen Gesamtbild der Silberklopfer gehören außerdem schwarze Handschuhe, schwarze Schuhe und ebenso farbene Socken sowie ein als Symbol in der Hand getragener, silberner Hammer, der beim Hin- und Herbewegen metallene Töne erklingen läßt. Erwähnenswert ist ferner eine auf der Brust getragene Plakette, auf deren Vorderseite das Brustbild des Silberklopfers und auf der Rückseite die Mitgliedsnummer eingraviert ist.

Kollnauer Feuerteufel

Kollnau im Breisgau besitzt seit der Zunftgründung im Jahre 1957 die gut gewählte, farblich sehr ansprechende Narrenfigur des »Feuerteufels«.
Entstanden ist sie in Erinnerung an die vor vielen Jahrhunderten im Kohlenbachtal betriebene Köhlerei, in deren Meilern die damals so begehrte Holzkohle gebrannt wurde. Als weiterer Pate gilt das 1683 entstandene, einstige Hütten- und Hammerwerk mit seinen von Flammen begleiteten Arbeitsabläufen. Alle Komponenten fanden in dieser Fasnachtsgestalt eine gut durchdachte Zusammenfassung und eine sinnvolle figürliche Wiedergabe von Kohle, Glut und Feuer.
Als Zunftkleidung tragen die Feuerteufel eine dunkelblaue Hose, ein rotes Flecklehäs mit einer ebenfalls dunkelblauen am Rand gelb-rot geflammten Schulterkapuze. Darauf als Dekor ein roter Hahnenkamm, der dem Träger einen gewissen Ausdruck von Aggressivität verleiht. Schwarze Handschuhe, ein Gürtel sowie eine dreigezackte Gabel vervollständigen das Aussehen dieser Kollnauer Fasnetfigur.
Die ausdrucksvolle Holzmaske, die diese Gestalt sehr gut charakterisiert, ist das Werk von Albert Schonhardt aus Simonswald und wird als Gruppenmaske getragen.

Waldkircher Bajass

Der aus einer Siedlung bei der »Kirche im Wald« Anfang des 8. Jahrhunderts entstandenen Elztalstadt Waldkirch wird in verschiedenen jahrhundertealten Urkunden frühes fasnachtliches Brauchtum bescheinigt. Einen nicht unwesentlichen Einfluß auf die gesamte Entwicklung hatte das Haus Habsburg, lange Zeit Regent dieses vorderösterreichischen Landesteils. So ist z. B. bekannt, daß Erzherzog Ferdinand II. der Maskierung und fröhlichen Spielen sehr zugetan war, allerdings nach Muster der oberitalienischen Höfe.

Ob sich auch in der Gestalt des Bajass, der sich auf ein hohes Alter berufen kann, Anleihen jener Epoche wiederfinden, ist schwer zu sagen; mit Sicherheit aber ist seine Herkunft nicht in den rauhen Winternächten des Schwarzwaldes zu suchen. Viel wahrscheinlicher ist dagegen die Annahme, daß er über Italien und Tirol seinen Weg nach Waldkirch gefunden hat.

In der 1865 gegründeten Narrenzunft »Krakelia« wurde der Waldkircher Bajass, nachdem er lange Zeit in Vergessenheit geraten war, im Jahre 1933 wieder eingeführt. 1952 erhielt er sein neues Häs aus in gelb und blauem Wollstoff geschnittenen Rauten. Den Kopf bedeckt jetzt eine Hörnerkappe, die ebenso wie die Säume des Häs mit Schellen besetzt ist. Die Fußbekleidung besteht aus Schnabelschuhen. In Sinndeutung an den alten Glauben, daß lautes und kräftiges Schlagen Wachstum und Fruchtbarkeit weckt und beschleunigt, bekam er außerdem eine Pritsche. Ebenfalls wurde dem 1933 aus unerklärlichen Gründen mit »Naudiak« umbenannten Bajass sein alter Name wiedergegeben.

Die früher von Josef Dopp, Waldkirch, und in neuester Zeit von Franz Lang, Elzach, geschnitzten Gruppenmasken zeigen ein freundlich lachendes Schalksnarrengesicht.

Waldkircher Kandelhexe

Der 1243 m hohe Kandel bei Waldkirch galt schon im Spätmittelalter und der beginnenden Neuzeit als Tummelplatz und Treffpunkt der Hexen vom Breisgau und Schwarzwald. Alte Erzählungen berichten von durch Katzen gezogene Hexenkutschen und von gemeinsam mit dem Teufel begangenem Hexenkult.
Geographisch und traditionell bot sich deshalb in Waldkirch die Einbeziehung von Hexen ins fasnachtliche Brauchtum geradezu an. Hans Hoch entwarf für die Zunft eine typische Hexenlarve mit Hakennase, hämisch grinsendem Mund, vorstehenden Zähnen und eigenwilligem Kinn. Hergestellt wurde sie von dem Elzacher Holzbildhauermeister Konrad Wernet, der es verstand, mit gekonnten breitflächigen Schnitten alle genannten Merkmale überzeugend zum Ausdruck zu bringen. Das als Maskenabschluß in sehr ansprechender Form drapierte Kopftuch sowie flachsfarbene Zöpfe gehören ebenso zur Ausstattung wie Rock und Mieder aus blauem, weißgemustertem Zeuglestoff. Eine rote Schürze, lange weiße Unterhosen, rote Strümpfe und Strohschuhe geben zusammen mit einem Besen oder einer Ofengabel der Kandelhexe ihr vollständiges Gepräge.
Eine beliebte und von den Zuschauern mit großer Begeisterung aufgenommene Zeremonie ist der am Fasnetsamstagabend stattfindende Hexensabbat, bei dem die Hexen am Fuß des Kandel abgeholt und in die Stadt zum Marktplatz geleitet werden. Besonders »ansprechend« ist bei der anschließend stattfindenden Aufnahme der neuen Hexen in die Zunft die Belehrung durch einen Teufel, der jede Einzelne über ihre zukünftigen Pflichten informiert.

Emmendinger Hansele

Als Geburtsstunde der Emmendinger Hansele können die Fasnachtstage 1938 angesehen werden. Der zwei Jahre zuvor aus der »Narrenhochburg« Kenzingen nach Emmendingen gekommene Oberstudienrat Fritz Kölsch war der Initiator und Schöpfer dieser vom Emmendinger Narrenvolk mit großer Begeisterung aufgenommenen Fasnachtsfigur.
Das Häs der Emmendinger Hansele, bestehend aus Hose und Jakke, spiegelt die alten Stadtfarben Blau, Gelb und Rot wider. Bildbeherrschend an diesem Narrengewand sind die vielen Zacken, die alle mit kleinen Schellen versehen sind (ca. 140!). Bei der Kopfbedeckung am auffallendsten: übergroße Ohren und am Rückenteil ein langer Schwanz. Die originelle Holzmaske mit ihrem schalkhaft-spitzbübischen Ausdruck wurde von Heiner Stoll aus Grafenhausen-Rothaus geschaffen und wird als Gruppenmaske getragen. Eine in der Hand gehaltene Holzrätsche rundet das optische Bild dieser interessanten Narrengestalt ab.
Der Emmendinger Hansele mit seinem farbenprächtigen Gewand ist heute nicht nur die lustigste und beliebteste Figur im örtlichen Narrenleben, sondern gilt als festes Symbol der Emmendinger Fasent.

Freiburger Fasnetrufer

Während die Freiburger Fasnet erstmals in einer Urkunde aus dem Jahre 1283 erwähnt ist (damalige Schreibweise Vasinaht), stammt der erste Hinweis auf einen Fasnetvorfall aus dem Jahre 1496. Hier wird von einem »Karreknecht« berichtet, der wegen eines »fasnachtsspihls« in den Turm geworfen wurde.
Die Breisgauer Narrenzunft 1882 e.V. führte 1935 den alten Brauch des Taganrufens der Fasnet wieder ein. Ein Jahr später stellte Franz Spiegelhalter seine neu geschaffene Lindenholzmaske für den Fasnetrufer vor. Sie wird als Gruppenmaske getragen und zeigt ein braungetöntes, freundliches Narrengesicht. Das neue Flecklehäs wurde mit herzförmig übereinanderliegenden Filzstükken in bunten, leuchtenden Farben besetzt. Darüber wird ein breiter Gürtel mit dem Siegel der Stadt Freiburg, dem Wasserschlößlemotiv, getragen. Zur weiteren Ausstattung gehört außerdem eine Holzrätsche.
Die Fasnetrufer, Erznarren Nr. 1 der Breisgauer Narrenzunft, bestreiten alljährlich ein großes Programm. So u. a. das Aufstellen des Narrenbaums, den traditionellen Rätschentanz und das »Schiibeschlage« (Scheibenschlagen) am Sonntag nach Fasnacht. Eine weitere interessante Gepflogenheit ist die sogenannte »Schnitzelbank« (ein Vortrag mit gezeichneten Begebenheiten).

Herdermer Lalli

Eine wegen ihres trockenen Humors weit über die Stadtgrenzen hinaus bekannte Narrenvereinigung sind die 1930 gegründeten Herdermer Lalli.

1937 erhielten sie ihre charakteristische, urige Holzmaske mit heraushängender Zunge (Entwurf und Ausführung von Franz Spiegelhalter) und folgendes Narrengewand: rote Bluse mit schwarzem, glockenbesetztem »Schillee« (offene, ärmellose Weste), schwarze Hosen, rote Socken und Holzschuhe. Als Maskenabschluß dient eine schwarze Zipfelmütze mit roter Quaste. Ein am Schillee befestigter Fuchsschwanz und eine in der Hand getragene Kuhglocke runden das Bild dieser urwüchsigen Narrengestalt wirkungsvoll ab. Die Herdermer Lalli, seit langem beliebt durch ihre humoristischen Beiträge auf den Sitzungen der Breisgauer Narrenzunft, bestreiten auch eigene ortsteilbezogene Veranstaltungen mit einem ausgewählten und ideenreichen, oft auch deftigem Programm. Eine Spezialität dieser Gruppe ist der immer wieder mit großer Begeisterung aufgenommene Bändeletanz.

Freiburger Blau-Narr

Der erste Blau-Narr lief 1938 als Einzelgänger im Rosenmontagszug mit. Er trug ein Häs aus hell- und dunkelblauen Filzflecken, blaue Holzschuhe, eine Holzmaske und in der Hand eine Holzklepper. Es war Adolf Kaufmann, der Schöpfer der heutigen Blauen Narren. 1939 erfolgte die Aufnahme des neuen Narrennestes, damals »Friburger Gumper« genannt, in die Breisgauer Narrenzunft. Die Bezeichnung »Blaue Narren« wurde 1948 eingeführt.
Ein Jahr später wurde das neu gestaltete Flecklehäs vorgestellt. Zu dem aus hell- und dunkelblauen Filzflecken bestehenden Gewand werden graue Schuhe und zwei über dem Rücken gekreuzte Schellengurte getragen. An die Stelle der früher üblichen Klepper trat ein in der Hand getragener Fuchsschwanz. Die von Franz Spiegelhalter geschaffene silberfarbene Holzmaske ist farbharmonisch gut auf das Gewand abgestimmt.
Als Vertreter der Freiburger Fasnet sind die Blauen Narren weit über ihre nähere Umgebung hinaus bekannt und beliebt. Nicht zuletzt deshalb haben sie in den vergangenen Jahren ihre Heimatstadt wiederholt im In- und Ausland närrisch repräsentiert.

Freiburger Hexe und Teufel

Die im gesamten schwäbisch-alemannischen Fasnachtsraum immer wieder vorkommenden furchterregenden Hexengestalten sind auch in Freiburg anzutreffen. 1963 gegründet – erhielten sie ein Häs bestehend aus grüner Jacke mit Schößchen, einem schwarzen Rock mit grün-gelben Streifen, rote Strümpfe, Strohschuhe und natürlich einen Besen. Die von Josef Tränkle aus Elzach geschaffene Gruppenmaske mit auffallend langer, gebogener Nase und zwei schwarzen Zöpfen wird nach hinten durch eine rote Gugelhaube abgedeckt.
Anführer ist ein Teufel, auch Hexenmeister genannt, mit einer Jakke aus vier schwarzen Bergschaffellen und einer schwarzen Hose aus Filzflecken. Die grinsende Teufelsmaske mit zwei großen, nach außen gebogenen Eckzähnen stammt ebenfalls aus der Werkstatt von Josef Tränkle.
Zu den Gebräuchen der Freiburger Hexen zählt außer der Teilnahme an der Straßenfasnacht und am Umzug ein Hexentanz und eine Hexenbeschwörung am schmutzigen Donnerstag sowie als Abschluß der Fasnet das Verbrennen einer Puppe auf einem Scheiterhaufen am Fasnetdienstag.

Günterstaler Bohrer

Der Ursprung dieser Narrengestalt ist in einer Begebenheit aus der Zeit nach dem Ersten Weltkrieg zu suchen. Da zu jenem Zeitpunkt in der unmittelbaren Umgebung in einigen Orten Heilquellen erschlossen wurden, wollten es auch die Freiburger ihren fündigen Nachbarn gleich tun und begannen, trotz Warnung von Experten, ebenfalls zu bohren.
Das Ergebnis: Die Freiburger erhielten kein Wasser, aber dafür ein neues Narrennest, denn der Bäcker- und Konditormeister Josef Burger kam 1935 auf die Idee, aus diesem Vorkommnis die Günterstaler Bohrer zu schaffen. Bereits ein Jahr später beteiligten sie sich schon mit einem Wagen und natürlich mit der Darstellung der vergeblichen Wasserbohrung am Umzug. 1961 erhielten die Bohrer ihr heutiges grünes Häs mit schwarzen und roten Rhomben.
Eine Kuriosität ist die von Albert Stehle entworfene und von Josef Tränkle geschnitzte Holzmaske. Sie zeigt ein verschmitztes Narrengesicht, dessen Haarlocke und Nase, in Anlehnung an einen Bohrer, als Spiralen ausgebildet sind. Der Maskenabschluß ist eine Haube aus ebenfalls grünen Rhomben.

Freiburger Feuer-Narr

Zu den vielen nach Kriegsende wieder neugegründeten Zünften und Narrenvereinigungen zählen auch die Freiburger Feuer-Narren. 1953 von Manfred Thumm ins Leben gerufen, erfreute sich diese Gruppe bald größter Beliebtheit, was die stetig steigende Mitgliederzahl zum Ausdruck brachte.
Das aus ca. 5000 roten Filzflecken angefertigte Häs ist mit kleinen Schellen besetzt und zum Hals durch ein rot-schwarzes Koller abgeschlossen. In Brusthöhe ist als Wappentier und Symbol der Rabenkopf des Freiburger Münz- und Gerichtwappens angeordnet. Die ursprünglich getragene Gummimaske wurde 1954 durch eine von Hans Kehl aus Oberried geschaffene Holzmaske mit einem beweglichen Unterkiefer ersetzt.
Alle von den Feuer-Narren gepflegten Zeremonien und Gebräuche sind auf die alemannische Fasnacht bezogen, so u. a. das Entzünden des Feuers zu Beginn der Fasnet und das Löschen am Fasnetdienstag. Zum Programm gehört außerdem ein eigener Tanz. Als närrische Vertreter und Botschafter sind die Feuer-Narren überall dort dabei, wo es gilt, die Freiburger Fasnet zu repräsentieren, sei es in der näheren Umgebung, in deutschen Narrenhochburgen oder in Narrenstädten von Frankreich und der Schweiz.

UER
NA
BNZ

Zähringer Burgnarr

Die Zähringer Burgnarren sind eine relativ junge Vereinigung. Sie erinnern durch ihren Namen nicht nur an die Herzöge von Zähringen, die Gründer der Stadt Freiburg, sondern auch an die Burg, von der allerdings nur noch ein Turm und einige Mauerreste übrig geblieben sind. Das eigentliche Geburtsjahr der Burgnarren war 1950, doch erst sechs Jahre später erhielten sie ihr jetziges Häs und nach weiteren vier Jahren eine Holzmaske. Der Entwurf hierfür stammte von Gerhard Filsinger, die ersten Exemplare schuf der Kirchzartener Holzschnitzer von Ruckteschell. Sie werden als Gruppenmasken getragen und zeigen ein ausgesprochenes Schalksnarrengesicht.
Das Häs ist in den Farben Gelb und Rot gehalten. Als Maskenabschluß wird eine Kopfbedeckung mit einem ebenfalls gelben und roten Stoffhorn getragen. Die als Schulterkoller verlängerte Kopfbedeckung sowie das Gewand sind nach unten spitzbogenförmig geschnitten und haben an den Enden als Abschluß kleine Schellen.
Das alljährliche umfangreiche Programm der Burgnarren sieht u. a. die Teilnahme an der Straßenfasnacht sowie Besuche bei und von befreundeten Zünften vor.

Kirchzartener Hexe

Eine alte Sage aus dem Dreisamtal im Schwarzwald berichtet von einer Spukgestalt, einem sonderbaren buckligen Weiblein, das abends in den Wäldern um Kirchzarten herumgeisterte. In Anlehnung und Erinnerung an diese, im Volksmund »Brigitti-Hex« genannte Gestalt, entstanden 1935 die Kirchzartener Hexen.
Gerhard von Ruckteschell schuf für diese neue Narrenfigur eine ausdrucksvolle Schreckensmaske mit einem halbgeöffneten, an den Seiten nach unten gezogenen Mund mit bleckenden, weißen Zähnen. Sie gehört mit Sicherheit zu den schönsten Hexenmasken und fasziniert vor allem durch den mit wenigen, aber kräftigen Schnitten erreichten dämonischen Ausdruck.
Als Maskenabschluß trägt die ganz in Rot gekleidete Kirchzartener Hexe ein großes über die Schultern fallendes Kopftuch, auf dem als Dekor die Abbildung zweier Katzen zu sehen ist. Eine weitere Zierde bildet ein an beiden Seiten herunterhängender einteiliger Zopf. Schwarze Handschuhe, Strohschuhe und ein Besen als unentbehrliches Hexenrequisit vervollständigen das Aussehen dieser furchterregenden Gestalt.

Kirchzartener Teufel

Neben den schon beschriebenen Hexen begegnet man in Kirchzarten noch einem Oberteufel mit vier Gesellen.
Die ebenfalls von Gerhard von Ruckteschell geschnitzten Masken entsprechen in der Charakteristik denen der Hexen, zusätzlich sind nur zwei, aus der Stirn hervortretende kleine Hörner. Im Gegensatz zu den ganz in Rot gehaltenen Hexen ist das Teufelsgewand zweifarbig schwarz-rot und an verschiedenen Stellen mit kleinen Schellen besetzt. In der Hand wird eine Gabel getragen.
Eine interessante Zeremonie ist ein Tanz, bei dem die Vertreibung des Winters dargestellt wird. Hierbei sitzen zunächst der Oberteufel und seine vier Gesellen schlafend am Boden. Ihre Ruhe wird jedoch durch die besenschwingenden Hexen gestört. Erzürnt stürzen sich die Teufel auf die Hexen, doch der Kampf wird jäh unterbrochen, denn ihr gemeinsamer Feind – der Winter – steht mit furchterregender Totenmaske mitten unter ihnen und verjagt mit gewaltigen Hieben die schreiende Hexenschar. Die Teufel jedoch nehmen den Kampf auf und zusammen mit den wieder herbeieilenden Hexen vertreiben sie ihren Gegner. Ein gemeinsamer Tanz bekundet abschließend die Freude über den errungenen Sieg.

Maisenhardt Joggele

Die am Hochrhein liegende Stadt Säckingen, im Jahre 878 zum erstenmal urkundlich genannt, kann mit Stolz auf eine jahrhundertealte fasnachtliche Tradition zurückblicken. Während aus den Jahren um 1520 Eintragungen, die sich hauptsächlich auf Fasnachtsspiele beziehen, bekannt sind, stammt die älteste Erwähnung aus dem Jahre 1272.

Dominierend im Säckinger Narrenleben ist der Maisenhardt Joggele, eine Figur, deren Ursprung in einem Waldgeist zu suchen ist, der im nördlich von Säckingen gelegenen Maisenhardtwald sein Unwesen und seine Späße getrieben haben soll. Auch Josef Victor von Scheffel (u. a. bekannt durch seinen Roman »Ekkehard« und das Versepos »Der Trompeter von Säckingen«) berichtet in einigen Erzählungen von unliebsamen Begegnungen mit dieser, von verschiedenen alten Hotzenwäldern heute noch gefürchteten Spukgestalt.

Im Gegensatz hierzu ist der Ausdruck des von der örtlichen Fasnacht geprägten Joggele eher ansprechend als bösartig, zeigt doch die holzgeschnitzte Maske ein gutmütiges, bartgeschmücktes und von Fellen umrahmtes Wildmännergesicht, das durch einen an der rechten Kopfseite getragenen Fuchsschwanz noch einen zusätzlichen Akzent erhält. Ein graugrünes, zweiteiliges Häs mit aufgenähten bunten Stoffblättern und ein in der Hand getragener knorriger Stock passen sich wirkungsvoll dem Gesamtbild an.

Laufenburger Narrone

Nicht ohne Grund sind die Laufenburger Narronen stolz auf ihre Vergangenheit, denn schon im Jahre 1386 erfolgte die Gründung der Altfischer-Zunft.
Laufenburg, zu beiden Seiten des Rheins liegend, wurde 1801 durch den Frieden von Lunéville in zwei Teile gespalten, wobei der Rhein als natürliche Grenze seit dieser Zeit den badischen vom Schweizer Stadtteil trennt. Doch ungeachtet der unterschiedlichen Nationalität, die Fasnacht wird seit eh und je in den beiden durch eine Brücke verbundenen Städten gemeinsam begangen.
Die Laufenburger Narrenfigur links und rechts des Rheins ist der Narrone mit aus Holz geschnitzten, unterschiedlichen meist grotesken Einzelmasken. Das von allen Narronen getragene Blätzlikleid hat keine festgelegte Form- und Farbgebung, d. h. die verschiedenfarbigen Blätzli in Viereck- oder Schuppenform werden teilweise übereinander, teilweise auch aneinander genäht. Eine Ausnahme macht hierbei die von einem Mann verkörperte Narrönin, die ein langes Kleid mit farbigen Rosetten trägt. Allen gemeinsam sind weiße Handschuhe, eine weiße Halskrause sowie eine aus einem Fischernetz bestehende Schärpe.
Als Laufenburger Spezialität gelten die Narronen Tambouren, die die berühmte »Tschättermusik« anführen und bei den Umzügen die Spitze bilden.

Bonndorfer Pflumeschlucker

Die gravierende Erscheinung im fasnachtlichen Geschehen der am Rande des Schwarzwaldes liegenden Stadt Bonndorf ist der »Pflumeschlucker«. Diese originelle Bauerngestalt geht auf eine Schwanksage zurück, die besagt, daß die Bürger von Bonndorf die ersten Pflaumen die sie zu sehen bekamen mit Stumpf und Stiel – also auch mit dem Stein – vertilgt haben.
Der seitdem bestehende Spitzname »Pflumeschlucker« bot sich als Fasnachtsfigur geradezu an, und so wurde in den Jahren 1926/27 diese humorvolle Gestalt ins örtliche Narrenleben eingeführt.
Das Gewand des Pflumeschlucker, bestehend aus langer Hose und einem bis über die Hüfte reichenden losen Kittel, ist aus handgewobener Leinwand und mit Ölfarbe wie folgt bemalt: Auf den Hosen einen Kater, die »Stallacker Katz« und den Käppelegeist aus der Bonndorfer Sage. Auf dem Kittel ein Bauernpaar und den Löwen aus dem Bonndorfer Stadtwappen. Über der Brust trägt er zwei gekreuzte Schellenriemen und in der Hand einen meist aufgespannten großen blauen Schirm.
Die erste Holzmaske, mit der zum Verschlucken bereiten Pflaume und der als Abschluß getragenen wollenen blauen, weißgeränderten Zipfelmütze, stammt von A. Hugel. Für spätere Ausführungen zeichneten mehrere Schnitzer, u. a. Erwin Studinger aus Bonndorf sowie Heiner Stoll aus Grafenhausen, verantwortlich.
Holzmasken lassen sich übrigens in Bonndorf seit 1766 nachweisen.

Lenzkircher Dengele

Der »Dengele« ist eine lokale Sagengestalt, u. a. bekannt durch Johann Peter Hebels Gedichte: »Der Dengelegeist« und »Geisterbesuch auf dem Feldberg«. Er soll früher im Hochschwarzwald, hauptsächlich im Feldberggebiet umgegangen sein, dabei wollen ihn die Bauern beim »dengeln« (schärfen der Sense) gehört haben. Ist einem von ihnen irgend etwas Unverhofftes zugestoßen, dann war es nach Meinung aller nur der Dengelegeist, der ihm diesen Streich gespielt hat.

Der Dengele trat früher in verschiedenen Masken und Kostümen in der nachweislich schon vor 1840 gefeierten Lenzkircher Fasnet auf. 1951 schuf Holzschnitzermeister Heiner Stoll eine einheitliche Fasnetfigur mit Flecklehäs und einer mit einem Filzhut und Fuchsschwanz geschmückten Holzmaske. Das gesamte Narrengewand mit Brustlatz und Überfallschurz aus bunten Filzflecken wurde in den Farben des Herbstes gehalten, da der Dengele hauptsächlich in dieser Jahreszeit sein Unwesen getrieben haben soll.

Als Besonderheit trägt heute der Lenzkircher Dengele große Kuhglocken, Strohfinken und Ringelsocken. Zur Bestätigung seines Namens führt er außerdem eine Sense mit sich.

Lenzkircher Heuhopper

Die zweite Lenzkircher Narrengestalt entstand erst 1962 als Gegenstück zum Dengele. Man dachte hierbei in erster Linie an die weiblichen Narren, für die eine Verkleidung als Dengele oft zu beschwerlich war. Der Idee folgte die Verwirklichung, und so verbergen sich heute unter der lustigen Gestalt des Heuhopper nur Mädchen und Frauen.
Auch Holzschnitzermeister Heiner Stoll trug bei der Anfertigung der holzgeschnitzten, goldgetönten Gruppenmaske dem zarten Geschlecht Rechnung und sorgte für eine besonders leichte Ausführung.
Das durchgehend mit Filzfleckle besetzte Häs sowie die mit einem Fuchsschwanz geschmückte Kapuze ist im Gegensatz zum Dengele in den Farben des Sommers gehalten. Dazu werden Strohfinken und rot-weiße Ringelsocken getragen. Zum Bild des Heuhopper gehört außerdem noch eine selbstgefertigte Holzrätsche, mit der dieser optisch sehr ansprechenden Narrengestalt noch ein zusätzlicher akustischer Akzent verliehen wird.

Bräunlinger Stadthansel

Die am Rand des Schwarzwaldes und der Baar liegende alte Alemannensiedlung Bräunlingen beheimatet in ihren Mauern mit dem Stadthansel eine echte Barockfigur, deren Entstehung bis 1640 verfolgt werden kann.

Er wirkt in seiner Gesamtheit hoheitsvoll und fröhlich zugleich, ein Eindruck, den er beim Narrensprung durch sein rhythmisches Hüpfen und das dadurch voll erklingende zweiriemige Bronzegeschell überzeugend unterstreicht. Einen zusätzlichen Akzent setzt die Hanselwehr – ein in der Hand gehaltenes Holzschwert, dem vor allem beim Schwerttanz eine besonders aktive Funktion zukommt. Ebenfalls aus Holz sind die heute von den Bräunlinger Schnitzern Valentin Hofacker und Herbert Schwarz hergestellten Hansellarven mit ihrem vielsagenden Lächeln und dem obligatorischen Fuchsschwanz. Als weiterer Maskenputz wird die geschwungene Stirn von einem Haarzopf eingefaßt, der mit Blumen, Früchten und Halskraushahnenfedern sowie durch ein an beiden Seiten herabhängendes rotes Seidenband verziert ist. Das Hanselhäs aus schwerem Leinen hat in Ölfarbe aufgemalte Blumen und Frühlingszeichen, außerdem, wie bei vielen engverwandten Narrofiguren, als weitere Motive u. a. Fuchs, Hase, Löwe, Bär, Hänsel und Gretel. (Erklärung dieser Symbole siehe Villinger Narro.) Die die Kittelrückseite schmückenden Darstellungen von Sänger, Genießer, Spaßmacher und Spieler sind nur beim einheimischen Stadthansel zu finden, ebenso die von der Narrenkappe grüßenden hübschen Frauenköpfe als Sinnbild und Verkörperung der Anmut.

Die Stadthansel beherrschen am schmutzigen Donnerstag die Straßen der Stadt (Stadthanseltag). Nachdem sie mit der Jugend zum »Iglocke« (Einläuten) gezogen sind, beginnt das große »Narren«, bei dem sie zur größten Freude aller Zuschauer aus ihren Körben reichlich auswerfen.

Bräunlinger Ur-Hexe

Die Bräunlinger sehen die Entstehung der Ur-Hexe schon in ihrer alemannischen Zeit bzw. leiten sie von den keltisch-germanischen Priesterinnen, den Druiden, ab. Welche Auslegung auch immer zutrifft, Bräunlingen ist ein traditionelles Hexendomizil, in dem das an Mariä Lichtmeß beginnende Hexenlaufen die Vorfasnachtszeit bestimmt.

Hierbei verkleiden sich an den Werktagen die Kinder, an den Sonntagen die Männer. Ihren besonderen Tag aber haben die Bräunlinger Ur-Hexen am Hexensonntag (8 Tage vor Fasnetsunntig), wo sie praktisch die ganze Stadt beherrschen. Groß und klein muß sich vor den besenbewaffneten Hexen in Sicherheit bringen, die bis in die späten Abendstunden immer wieder mit Sprüchen herausgefordert werden wie z. B.: »O du alti Sudreckhex, renn nu weg den Winterspeck« oder »Oni, oni Hex hät siebe Blätz, siebe Blätz hät oni, oni Hex.« Bei ihren großen Auftritten kommen die Hexen mit dem germanischen Sonnenrad, welches sich, von einem Ochsen gezogen, auf schräger Achse dreht. Mit Vorliebe setzen sie junge Mädchen darauf und fahren mit ihnen durch die Straßen der Stadt, wobei die ganze Hexenschar mit sichtlichem Vergnügen ihre Opfer umtanzt.

Besonders angsterregend wirken hierbei die von Valentin Hofacker geschaffenen dämonischen Holzmasken mit ihren stechenden, weißen Augäpfeln und dem höhnisch verzogenen Mund sowie der warzenbedeckten Nasen- und Kinnpartie. Auch die weitere Bekleidung entspricht in allem der Vorstellung von einer Hexe. Individuell sind die auf dem gesamten Gewand angeordneten sieben Blätzle (farbige Stoffflecken), die bereits in einem der vorstehenden Verse angesprochen wurden.

BRÄUNLINGEN
A. BERTSCHE
Edeka

Furtwangener Bodenwälder

Furtwangen im mittleren Schwarzwald hat nicht nur ein über die heimatlichen Regionen hinaus bekanntes Uhrenmuseum, sondern auch einige interessante Narrengestalten, die ein frühes Brauchtum dokumentieren.

Zu ihnen gehört der im südwestlichen Fasnachtsraum einmalige »Bodenwälder«, ein typischer »Wilder Mann«, dessen unmittelbare Verwandtschaft in den »Wildmännle« in Oberstdorf im Allgäu sowie in den »Wilden Männern« aus Telfs in Tirol und dem in Nidwalden in der Schweiz anzutreffenden Wildmann und Wildweib zu finden ist. Wie alle diese Figuren trägt auch der Bodenwälder eine mit Baumflechten bedeckte Verkleidung und als individuelle Aussage einen alten Filzhut, dessen – aus einem toten Vogel und verschiedenen Federn bestehende Garnierung ganz der naturbezogenen Gesamterscheinung Rechnung trägt. Ebenfalls in der Hand getragene tote Vögel und das Stück einer Baumwurzel sowie die von Karl Rieber aus Furtwangen in grober Ausführung geschnitzte Einzelmaske mit Backen- und Kinnbart und einem aus dem Mund ragenden Zahn geben ihm sein endgültiges Gepräge.

Seinen Namen verdankt der Bodenwälder einem bei Furtwangen liegenden Waldstück gleichen Namens, in dem – einer Sage nach – ein Wilder Mann sein Unwesen getrieben haben soll. Es wird u. a. davon berichtet, daß er Holz und Beeren suchende Kinder und Frauen so in die Irre führte, daß sie erst nach stundenlangem Suchen den Weg, der aus dem Wald herausführte, wiederfanden.

Furtwangener Spättlehansele

Wie in vielen Narrenhochburgen, vorwiegend im Hegau und am Bodensee, kann auch in Furtwangen der Spättlehansele, kurz »Spättle« genannt, als altüberlieferte und ursprüngliche Figur der Straßenfasnacht angesehen werden.

Das früher unter Verwendung von alten Stoffresten selbst hergestellte Gewand (bei verschiedenen Ausführungen wurden die Spättle auch umhäkelt oder umstochen) erfuhr nach Ende des Zweiten Weltkrieges eine Reformation. Hierbei nähte man auf dem neuen Häs ca. 2000 dachziegelförmige Spättle in den Farben Blau, Rot, Orange, Gelb und Grün so übereinander, daß unter Berücksichtigung korrespondierender Kontraste jeweils diagonale Farbreihen entstanden.

In Übereinstimmung mit anderen Schwarzwälder Spättlenarren trägt auch der aus Furtwangen eine Holzlarve, für deren Ausführung der einheimische Maskenschnitzer Karl Rieber verantwortlich zeichnet. Die Masken selbst sind nicht alle einheitlich, verkörpern jedoch im allgemeinen ein ausgeprägtes, derbes Bauerngesicht. Maskenabschluß und Kopfbedeckung bildet eine Haube, in deren Mitte, oberhalb der Stirn, ein Fuchsschwanz angeordnet ist. Zum Spättle gehört ferner ein Geschellriemen, meist mit sieben Glocken unterschiedlicher Größe, sowie ein in der Hand gehaltener, mit einer Saublodere geschmückter, kurzer Geißelstock.

Die Abbildung auf nebenstehender Seite oben zeigt das herkömmliche Spättlegewand. Erwähnenswert die dazu getragene Holzmaske, deren Oberfläche bei schwacher Farbandeutung nur lasiert ist.

Villinger Narro

Die in vielen Jahrhunderten gewachsene und immer lebendig gebliebene Villinger Fasnet wurde erstmals im Jahre 1584 in einem städtischen Ratsprotokoll genannt. Sie versinnbildlicht in ihrem Wesen und ihren Figuren bis ins Detail die Vertreibung des Winters und der das Tageslicht scheuenden Dämonen.

Die älteste und bestimmende Figur im historischen Geschehen ist der Narro. Obwohl man in ihm aufgrund verschiedener Merkmale eine Verkörperung des alten Ostarafestes zu erkennen glaubt, ist seine direkte Herkunft nicht genau festzulegen. Vieles weist darauf hin, daß er vom damaligen Mutterland Österreich nach Villingen verpflanzt wurde. Das Imposante an ihm ist die vornehm wirkende Gesamterscheinung mit ihrer lächelnden Holzmaske, dem an der Kappe befestigten Fuchsschwanz, der barocken Halskrause, dem weißen mit Figuren und Blumen bemalten Häs sowie den 40 Pfund schweren, über den Schultern getragenen vier Riemen Rollen (Bronzeglocken). Als Zeichen seiner Würde führt er außerdem einen Holzsäbel mit sich.

Alle auf Schobe (Kittel) und Hose aufgemalten Motive haben ihre Bedeutung. So z. B. Bär und Löwe als Sinnbild der Winteraustreibung, wobei ersterer als schwerfälliger Geselle den Winter darstellt, während der stärkere und flinke Löwe den Austreiber charakterisiert. Ebenso sieht man im Hasen als schwächliches Tier den scheidenden Winter, der dem als Frühling dargestellten Fuchs weichen muß. Auf den Frühling bezogen sind auch die aufgemalten Blumen und Knospen, während auf der Hosenrückseite als symbolverbundene Figuren Hansel und Gretel zu sehen sind. Der von Gretel getragene Hechel weist auf die Hauptaufgabe des Narro – das Durchhecheln oder Strählen – die vom Hansel in der Hand gehaltene Wurst gilt als Zeichen des Festes.

Villinger Stachi

Mit dem Namen »Stachi« bezeichnet der Villinger eine weitere historische Fasnetgestalt, die in Abweichung vom Narro statt Bronzerollen ein blaues Fuhrmannshemd und anstelle der glatten Larve meist eine Surhebelscheme trägt. Diese gibt es in vielen Varianten, angefangen vom griesgrämigen, unzufriedenen, bärbeißigen und bissigen bis zum hinterhältigen Typ.
Viele dieser nach überliefertem Vorbild hergestellten Masken stammen seit 1948 aus der Werkstatt des Villinger Maskenschnitzers Manfred Merz, der auch die Ausführung weiterer Villinger Schemen besorgt.
Der Stachi trägt ebenfalls die große barocke Halskrause und den Fuchsschwanz. In der Hand hält er meistens einen Staubwedel, einen Kamm, eine Bürste oder eine Schere – alles Gegenstände, die gezielt auf das Strählen hinweisen.

Villinger Morbili

Sie ist die Begleiterin des Stachi und bildet mit ihrer nachsichtig, spöttisch lächelnden Maske – der von einem blumenbesetzten Spitzenhäubchen eingerahmten Morbilischeme – das ideale Gegenstück.
Als Fasnetgewand trägt das Morbili die Altvillingertracht, über der Schulter einen großen handgewobenen Kaschmir- oder Wienerschal.
Der mit Süßigkeiten aller Art gefüllte Handkorb ist ein wichtiges Requisit, denn nach dem Strählen, an dem sie sich aktiv beteiligt, wird dem »Opfer« hiervon angeboten. Diese Geste des »alten Paares« (Stachi und Morbili) soll nicht zuletzt den Angesprochenen wieder freundlich stimmen.

Villinger Butzesel

Eine ebenfalls altüberlieferte Figur ist der den Bösen darstellende Butzesel, der von seinen Treibern mit Peitschenknall verfolgt und aus der Stadt getrieben wird.
Mit seinem großen Eselskopf und dem über den Rücken mit einem Fell dekorierten verschiedenfarbigen Blätzlehäs ist er eine originelle Gestalt der Villinger Fasnet. Er reitet auf einem großen Tannenast durch die Straßen der Stadt und ahmt dabei durch lautes Brummen und Knurren das Gebaren eines grimmigen Tieres nach. Ständige Begleiter sind mehrere Stachis, die in ihrer Eigenschaft als Treiber lange Fuhrmannspeitschen mit sich führen. Gelingt es dem Butzesel dieser Eskorte einen Streich zu spielen und in ein Wirtshaus zu entwischen, darf er dort auf deren Kosten essen und trinken was er will. Es ist natürlich das oberste Gebot seiner Treiber, dies mit allen Mitteln zu verhindern und dem Butzesel keine Gelegenheit zu geben, ihre an der Fasnet ohnedies stark belasteten Geldbeutel noch mehr zu strapazieren, zumal unter dieser Maske oft Leute stecken, die sich über mangelnden Durst oder Appetit nicht beklagen können. Besondere Anziehungspunkte sind für den Butzesel bei seinem Schabernak auf der Straße junge Frauen und Mädchen, die er durch plötzliches Ausbrechen zu erschrecken versucht.

Villinger Wuescht

»Zum Schluß do kummet die Schenschte«, so beginnt eine Strophe eines Villinger Schunkelliedes. Gemeint sind die »Wueschte«, die mit ihren alten, verwaschenen und geflickten Narrogewändern den Winter verkörpern. Sie tragen außerdem verblichene und verschrammte Holzlarven, wobei die schon erwähnten Surhebelschemen bevorzugt werden.

Besonders beliebt sind die Wueschte bei der Villinger Jugend, weil es ihr erlaubt ist, diese mit allerlei Wurfgeschossen, hauptsächlich Schneebällen zu bombardieren. Um sich hierbei vor Verletzungen zu schützen, stopfen die Wueschte ihre Hosen mit Stroh aus, tragen auf dem Rücken ein mit einer alten Lumpenpuppe dekoriertes Holzbrett und haben vor allem den Kopf gut eingebunden, denn dieser ist das Lieblingsziel der jugendlichen Schützen. Es soll nicht selten vorgekommen sein, daß manchem Wuescht schon die Larve zertrümmert wurde oder er durch die beiseite gehaltene Maske Gesichtstreffer erhielt, an die er sich durch ein blaues Auge noch nachhaltig erinnern konnte.

Trotz allem oder gerade deshalb ist das Laufen als Wuescht sehr beliebt und wird fast jedes Jahr von den gleichen Narren durchgeführt. Noch interessanter ist es allerdings für die Jugend, die für ihre »Kanonade« mit Limo, Bier und Wurst belohnt wird.

Altvillingerin

Emanzipation, auch im närrischen Sinne, war für Frauen und Mädchen in vergangenen Jahrhunderten ein unerreichbares Begehren. Galt in diesen Zeiten die Fasnet ausschließlich als männliches Privileg, konnte und wollte man sich jedoch auf die Dauer nicht den Wünschen der holden Weiblichkeit verschließen, und man erteilte ihr nach vielem Pro und Kontra die Erlaubnis, aktiv am Fasnetgeschehen teilzunehmen.

Anfang des 19. Jahrhunderts setzte es sich immer mehr durch, daß Mädchen und Frauen sich den Narros anschlossen, um mit ihnen gemeinsam die höchsten Villinger Feiertage – die Fasnet – zu begehen. Eine Sitte, an der sich bis heute nichts geändert hat, denn nach wie vor ist die Altvillingerin eine schöne und gern gesehene Begleitung des Narro.

Als beliebte Verkleidung dient hierbei die aus der vorderösterreichischen Zeit Villingens stammende Tracht, wie sie in früheren Jahrhunderten von den einheimischen Bürgersfrauen getragen wurde. Besonderer Blickfang hierbei sind die in Schwarz, Silber oder Gold ausgeführten großen Radhauben sowie der Granatschmuck und der zum Seidenkleid getragene bunte Schal aus gleichem Material.

Wuescht

»Es ischt e Maidli hier,
es het en Gulde vier,
es het e spitzig Müli,
e Näsle wie e Süli,
so isch e Maidli hier!«

»Hanselakai, het e schei Wei,
het en Kopf kugelrund,
s' Fidle wiegt hundert Pfund,
Hanselakai –!«

Alte Villinger Narrosprüche

Rottweiler Gschell

Nach der Hugschen Chronik aus dem Jahre 1502 schenkte der Abt des Klosters St. Georgen »zwei Ochsen in die faßnacht auf all Trinckstuben der Rottweiler«. Diese erstmals bekannte Erwähnung dokumentiert eindeutig die jahrhundertealte Tradition der von vielen Epochen geprägten Rottweiler Fasnet.

Die dominierende Figur im örtlichen Brauchtum ist das »Gschell«, ein in ein weißes bemaltes Leinengewand gekleideter Narr, dessen unmittelbare Vettern in den Narrotypen der Baar zu finden sind. Im Gegensatz zu ihnen trägt der Gschellnarr jedoch sechs mit Schellen besetzte Ledergürtel sowie an der Maskenhaube drei Fuchsschwänze, denen man eine besonders hohe närrische Rangstellung zumessen darf.

Die frühestens aus dem 14. Jahrhundert stammende Larve mit einem glatten jugendlich wirkenden Männergesicht wird von einem Roßhaar-Kränzchen umrahmt, das als Perückenersatz gedeutet werden kann. Es ist in diesem Zusammenhang interessant zu wissen, daß noch bei der heutigen Fasnet Glattlarven getragen werden, die um die Mitte des 18. Jahrhunderts entstanden sein dürften. Wie alle glockentragenden Narren ist auch der Gschellnarr ein Frühlingsbeschwörer, der mit seinem ihm eigenen hüpfenden Schritt – dem sogenannten »Jucken« – seine Schellen zum Klingen bringt, um damit die Vertreibung des Winters zu symbolisieren. Ebenso wie die Schellen hat auch die am Handgelenk hängende Narrenwurst eine kultische Bedeutung, galt sie früher doch als Zeichen der Fruchtbarkeit.

Rottweiler Biß

Das »Biß«, ein ebenfalls weißleinen gekleideter Narr, unterscheidet sich vom »Gschell« nur durch seinen Kopfputz und einer fast dämonisch wirkenden Larve mit gefletschten Zähnen und sogenanntem »Achtermaul«. Man kennt drei Bißausführungen – das I, II und das Drehersche Biß. Während sich bei Typ I ein flach angelegtes Männergesicht ohne hervortretende oder auffallende Charakteristik vorstellt, vermittelt Typ II eine gekonnte Zusammenfassung von barocker Formgebung und selbstbewußter, energischer Männlichkeit. Als streng und kühn erscheinende sowie gleichzeitig schlicht wirkende Maske präsentiert sich letztlich das nach seinem früheren Besitzer – dem Schmiedemeister Dreher – benannte Drehersche Biß. Alle Typen beweisen den hohen Stand der jahrhundertealten Rottweiler Larvenschnitzkunst. Es ist deshalb nur verständlich, daß die heutigen Ausführungen diesen Vorbildern nachempfunden sind.

Wie auch der Gschellnarr trägt das Biß einen Leinenanzug, dessen bunte Bemalung man erstmals den Jahren des Barock zuordnet. Im Gegensatz zu den früher ausschließlich verwendeten Türkenmotiven erschienen später auf den Narrengewändern auch Figuren aus dem höfischen Leben des 16. und 17. Jahrhunderts. Da sich dieser Trend immer mehr dem Zeitgeschmack anpaßte, reicht die Skala heute bis zum Biedermeier- und Trachtenpaar. Bemerkenswert ist in diesem Zusammenhang die Feststellung, daß viele Rottweiler Bürger heute noch alte Narrenkleider besitzen, die vor zwei bis drei Jahrhunderten genäht wurden.

ROTTWEILER
1975

Rottweiler Schantle

Elegant, nobel und würdevoll, mit einem Wort ein Herrennarr, so präsentiert sich der stets einen Sonnenschirm tragende Schantle. Die ursprüngliche Gestalt stand hierzu jedoch in krassem Gegensatz und wirkte mit ihrem Wams aus Zwillich und einer Straßenhose alles andere als vornehm. Da der Ur-Schantle außerdem die Gewohnheit hatte, mit einem Stallbesen schnell zusammengefegten Straßendreck den Passanten entgegen zu schleudern, war es nur eine Frage der Zeit, bis die Rottweiler Honoratioren diesen Schandkerl »aus dem Verkehr« ziehen würden.
Eine Feststellung, die gar nicht so richtig zum Erscheinungsbild des ursprünglichen Schantle passen will ist die Tatsache, daß zu der Zeit künstlerisch hervorragend gestaltete Holzlarven getragen wurden. In vielen Fällen sogar portraitähnlich den Gesichtern bekannter Rottweiler Bürger nachempfunden.
Die erste Rehabilitation erfuhr der Schantle in der zweiten Hälfte des 18. Jahrhunderts, als der Magistrat die Polizeigewalt für die Dauer der Fasnacht der Narrenzunft übertrug und diese hierfür zwei Schantle einsetzte. Eine gravierende Umwandlung vom »Gassen-« zum »Herrenschantle« bahnte sich etwa um 1860 an. Der damaligen Mode Rechnung tragend kleidete sich der Schantle nun in einen Gehrock oder Radmantel, zuerst ohne Dekor, später – seines neuen Images bewußt – mit reichlichen Stickereien und Verzierungen. Daß es natürlich unter seiner Würde liegt, Schellen zu tragen, sei hier noch abschließend am Rande vermerkt.

Schantle in verschiedenen Varianten

Aggressivität spricht aus dieser, an einen alten Korporal erinnernden Larve. Als Novum kann die große Blechnase bei der ursprünglichen Fassung angesehen werden.

Eine der ausdrucksvollsten alten Larven, die einer Rottweiler Persönlichkeit nachempfundene »S'Reichstadte Schantle«

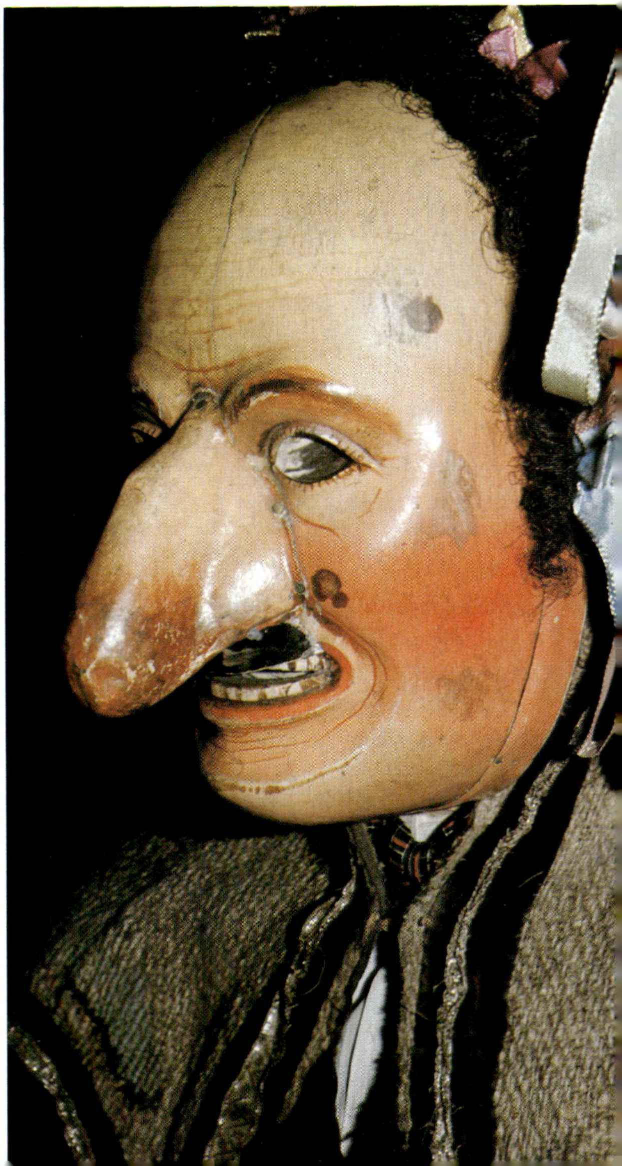

»S'Franz Ammas Briekere«, eine um etwa 1700 entstandene Portraitlarve, in der sich unverkennbar Schmerz und Resignation spiegelt.

Rottweiler Fransenkleid

Mit größter Wahrscheinlichkeit hat sich das Fransenkleid aus dem Plätzle entwickelt, denn ein aus dem Jahre 1768 stammendes Rottweiler Ratsprotokoll erwähnt u. a., daß das Maskenlaufen in Plätzlekleidern bei hoher Strafe verboten sei. Aus dem ursprünglich bescheiden wirkenden Leinengewand entstand im Laufe der Zeit die heutige Ausführung mit weniger weit dimensionierten Hosen und einem schwarzsamtenen, mit Silberlitzen verzierten Brusteinsatz.
Wie alle Rottweiler Narrenfiguren trägt auch das Fransenkleid ein weißes Hemd, weißen Querbinder (Fliege), weiße Handschuhe und hohe schwarze Schuhe. (Eine Ausnahme bilden der Federahannes sowie die Treiber des Brieler Rößle, die schwarze Binder tragen.) Um seine lieben Mitmenschen mit der ungeschminkten Wahrheit bekannt zu machen, führt auch diese Narrengestalt ein Aufsagebuch mit sich. Den außerdem am Arm hängenden Korb zum Auswerfen finden die Kinder allerdings noch viel interessanter.
Alles an dieser Gestalt ist im Gegensatz zum kompakt erscheinenden Gschell und Biß zierlicher, so z. B. die vier mit kleinen Schellen besetzten Riemen, der auf der Haube sitzende Dreispitz und sogar die beim Aufsagen benutzte Narrenwurst. Das Reizvollste an dieser Figur sind jedoch die in verschiedenen Ausführungen getragenen Holzmasken, bei denen hauptsächlich die älteren Exemplare durch ihre oft mädchenhaft oder auch kindlich naive Ausdruckskraft an die lebensbejahende Zeit des Rokoko erinnern. Leider sind die aus dieser Epoche stammenden und meist in Privatbesitz befindlichen Masken bis auf wenige dezimiert.

Rottweiler Federahannes

Dem Aussehen dieser Narrengestalt, insbesondere der Maske nach zu urteilen, ist die Annahme, daß er mit Teufelsdarstellungen kirchlicher Mysterienspiele in unmittelbaren Zusammenhang gebracht werden kann, nicht auszuschließen. Aller Wahrscheinlichkeit nach beziehen sich auch die Erlasse des Rottweiler Magistrats aus dem 18. Jahrhundert, die das Laufen »in Teyfelsklaidern« strengstens verboten, auf diese in der gesamten europäischen Narrenwelt einmalige Erscheinung.
Viele alte, z. Teil in Privatbesitz befindliche prächtige Larven des Federahannes dokumentieren die sich über einen großen Zeitraum erstreckende stilistische Entwicklung dieser mit zwei hauerartigen Eckzähnen und oft mit einem Rollkinn versehenen Maske. Wie auch bei den übrigen Rottweiler Narrenfiguren werden verschiedene dieser altüberlieferten Exemplare noch heute beim »Narrensprung« getragen. Ebenso erfuhr das mit Federn bestückte Narrenkleid keine formliche Veränderung. Einzige Ausnahme: Die Stoffqualität wandelte sich der modischen Vorstellung entsprechend vom Rupfen über das Tuch zum Cordsamt.
Der Federahannes ist eine ganz auf die Straßenfasnacht ausgerichtete Narrengestalt. In seiner Eigenschaft als Sprungnarr führt er eine lange Stange mit, die ihm hohe und akrobatische Sprünge ermöglicht. Das an der Stangenspitze befestigte Kalbsschwänzle wird von Volkskundlern als fruchtbarkeitsförderndes Symbol verstanden.

Brieler Rößle

Kennt man die Bedeutung und Beliebtheit des Pferdes in der Mythologie, so ist es nicht verwunderlich, daß die verschiedensten, auf dieses Tier bezogenen Interpretationen im gesamten europäischen Fasnetbrauchtum zu finden sind. So auch diese Rottweiler Narrengestalt, ein Scheinpferd, von dem der ehemalige Hofgerichtsassessor von Langen in seiner Stadtgeschichte zu berichten wußte, daß schon die Brieler seit eh und je mit einem künstlichen Rößle nach Rottweil zur Fasnet gekommen seien. Der später entstandene Name ist mit größter Wahrscheinlichkeit dieser Gegebenheit zuzuschreiben.

Im örtlichen Fasnetleben existierte bis zum Jahre 1906 nur ein, von zwei Treibern begleitetes Rößle, genannt »Alter Schimmel«, der als Prototyp für alle nachfolgenden Rößle betrachtet werden kann. Von der Gestaltung und der hervorragend aufeinander abgestimmten Ausdrucksform her, sind die Larven des Rößle und der Treiber besondere Meisterwerke der Maskenschnitzkunst. Während das Rößle mit seinem feisten und pfiffig erstaunten Ausdruck den Eindruck erweckt, getrieben oder gehetzt zu werden, lassen die derben Bauerngesichter der beiden Treiber keinen Zweifel darüber aufkommen, daß sie an ihrer Tätigkeit viel Spaß und Freude haben.

Da das Brieler Rößle eine sehr lebhafte, lustige und auf sich aufmerksam machende Figur darstellt, ist es nicht verwunderlich, daß sein Beliebtheitsgrad ständig stieg. Hätten die Verantwortlichen der Narrenzunft dieser Expansion keinen Riegel vorgeschoben, würden die zehn heute beim Narrensprung herumtollenden Rößle mit Sicherheit die doppelte Zahl, wenn nicht mehr, erreicht haben.

Schiermaiers Guller

Ein Kirchstuhl im Rottweiler Heilig-Kreuz-Münster zeigt eine Schnitzerei mit der Abbildung eines lanzenbewaffneten Hahnenreiters, der zwar keine Larve, dafür eine Art Bajazzo-Hut trägt. Daraus kann geschlossen werden, daß der Guller bereits in der ersten Hälfte des 18. Jahrhunderts wesentlichen Anteil am örtlichen Fasnetgeschehen hatte.
Während er nach mündlicher Überlieferung früher nur einen Hahnenanzug mit ausgestopftem Sterz getragen haben soll, ist er in der heutigen Form seit 1907 bekannt. Seine markante, ausdrucksvolle Larve verdankt er ebenfalls seit dieser Zeit dem 1933 verstorbenen Altarbauer und Bildhauer German Burry.
Bei der Namensgebung war der Maier (Verwalter) der reichsstädtischen Zehntscheuer maßgeblich beteiligt, vielleicht sollte diese bodenständige in Rottweil geborene überdimensionale Figur den für die damaligen Verhältnisse großen Hühnerhof der Zehntscheuern-Maier parodieren (Schier = mundartlich für Scheuer).
Inzwischen ist die von einem scheinbaren Reiter getragene Hahnengestalt zum unbestrittenen Publikumsliebling geworden und erfreut beim Narrensprung mit ihren Kapriolen große und kleine Narren.

*»Jedem zur Freud
und niemand zum Leid«*

Rottweiler Fasnetmotto

Oberndorfer Schantle

Erste Hinweise auf die Oberndorfer Fasnet lieferte ein aus dem Jahre 1502 stammendes Zitat der Zimmerschen Chronik, in dem von einem Narrengericht die Rede war. Viele weitere Überlieferungen aus den folgenden Jahrhunderten beweisen die Vormachtsstellung gegenüber anderen örtlichen Festen, allerdings oft zum Mißvergnügen mancher Stadtbeamten, die nichts unversucht ließen, um den Oberndorfern ihre Fasnet zu »vermiesen«.
Eine ihrer vielseitigsten Figuren ist der erstmals 1855 erwähnte Schantle, dessen Name – wie auch der seines Rottweiler Vetters – zu »schantlich tun und reden« in unmittelbarer Beziehung steht. Vielseitig deshalb, weil man ihm in den verschiedensten Larvenausführungen als freundlichem oder griesgrämigem Schantle, als Blecker, Heulerle oder Drecklärvle begegnet. Hinzu kommt noch der Polizeischantle, der den Schluß jedes Narrensprungs bildet. Ein kurioses Bild bieten hierbei die vor ihm gravitätisch hinkenden anderen Schantle in ihren braunen, karierten, mit aufgemalten oder aufgenähten Rupfen dekorierten Gewändern (heute auch aus kariertem Leinen). Auf dem Kopf sitzt keck ein kleines grünes Hütchen und am Arm hängt ein großer Henkelkorb mit Orangen und Würsten. Wer als Zuschauer vom Glück besonders begünstigt ist, bekommt eine Orange zugeworfen oder eine Wurst in den Mund gesteckt, wer hier leer ausgeht hat immer noch die Chance, ein Stück von der Wurst zu schnappen, die der Schantle an einer Wurststange neckend über den zum Abbeißen bereiten Mündern hin und her schwenkt.

Das Drecklärvle ist ebenso wie der Polizeischantle eine Einzelfigur. Während Hut und Narrengewand sich nicht von den anderen Schantle unterscheidet, weist die ohnedies viel kleinere Larve eher auf eine alte Narromaske hin. Merkmale, die diese Verwandtschaft durchaus bestätigen könnten, sind vor allem die hohe gewölbte Stirn und die glatte, faltenlose Ausführung, die jedoch, im Gegensatz zu den in Farbe gefaßten Narrolarven, das nackte braune Holz zeigt.

Der Polizeischantle, von Kopf bis Fuß eine »Respektsperson«, deren aschgraue, friederizianische Zopfperücke ebenso an eine mit polizeilichen Befugnissen ausgestattete und für Ordnung sorgende Amtsperson erinnert wie der einer militärischen Uniform entliehene Dreispitz. Bewiesen wird seine Rangstellung außerdem durch einen Schleppsäbel, den er stets blank gezogen, geschultert trägt. Die Tatsache, daß er als einziger Oberndorfer Narr nicht auswirft, unterstreicht seine närrische Autorität.

d'Kirch isch aus,
d'Narre raus!

Oberndorfer Narrenruf

Oberndorfer Narro

Im Gegensatz zum Schantle, der sich in verschiedenen Masken vorstellt, kennt dieser Narro nur eine Larvenausführung, die allerdings mit und ohne Bart getragen wird. Charakteristische Merkmale, z. B. die gerade Nase, die hohe glatte Stirn und der freundliche Mund, repräsentieren einen vornehmen, weisen Narren, über dem ein Hauch von Ernst und Güte liegt. Bemerkenswert ist, daß man – auch bei den anderen einheimischen Narrenfiguren – noch Larven aus dem Anfang des 19. Jahrhunderts finden kann, die nicht nur aufbewahrt, sondern beim Narrensprung auch getragen werden. (Als ältester bekannter Maskenschnitzer kann in diesem Zusammenhang Josef Zirn – um 1800 – genannt werden.)

Stolz präsentiert sich der Narro in seinem weißen, mit grünen Ranken und Blumen bemalten Leinengewand, dessen Rücken mit großflächigen, unterschiedlichen Motiven versehen ist. Wie bei anderen verwandten Narrogestalten ist auch hier die Hose mit Löwe und Bär dekoriert. Als Maskenabschluß trägt er eine über Stirn und Wangen mit einem Roßkränzchen verzierte Haube, die wiederum mit einem grünen Hütchen mit rotem Band, Hahnenfedern und Stoffblumen geschmückt ist. Ein besonderer Blickfang: Glasperlen-Ohrringe.

Während er mit seinen an vier oder sechs Lederriemen über der Brust getragenen Schellen beim Narrensprung auf sich aufmerksam macht, bildet die oft wie ein Degen in der Hand gehaltene Brezelstange sowie ein Körbchen mit Bonbons bei kleinen und großen Zuschauern immer einen besonderen Anziehungspunkt.

Oberndorfer Hansel

Die Geburtsstunde dieser Oberndorfer Narrengestalt liegt vermutlich in den ersten Jahrzehnten des 17. Jahrhunderts bzw. in der Zeit des Dreißigjährigen Krieges. Das an eine Landsknechtskleidung erinnernde Gewand mit weinroter Jacke, orangefarbener Pluderhose und weißem Spitzenkragen unterstützt diese These. Betrachtet man die gesamte Erscheinung, so zieht man unwillkürlich Parallelen zu Darstellungen des Söldnerlebens jener Zeit. Ersetzt man noch mit etwas Phantasie Säbel, Gewehr und Lanze durch den vom Hansel mitgeführten bunten Sonnenschirm, so ist die Ähnlichkeit mit einem Landsknecht unbestritten.

Eine weitere Bestätigung dieser Auffassung ist die an die Epoche des Barock erinnernde holzgeschnitzte Knebelbart-Larve mit ihren lebensfrohen und unternehmungslustigen Zügen. Obwohl in ihrem Gesamtausdruck eine gewisse Ähnlichkeit mit dem Schwedenkönig Gustav Adolf oder mit dem Franzosenkaiser Napoleon III. nicht abzuleugnen ist, muß die oft vertretene Meinung, daß es sich um eine Karikatur eines dieser beiden handelt, als unbewiesen angesehen werden.

Anstelle der vom Narro getragenen, hutgeschmückten Haube stellt sich der Hansel in einer Flachsperücke mit Locken und Blumenkranz vor. Gemeinsam sind jedoch wieder die an schweren Lederriemen über der Brust getragenen Schellen sowie der am Arm mitgeführte Henkelkorb, aus dem großzügig Süßigkeiten unter die Zuschauer geworfen werden.

Bad Cannstatter Felbe

Der von den Bad Cannstatter Narren übernommene Name »Kübelesmarkt« steht in Zusammenhang mit dem früher auf dem Cannstatter Volksfest abgehaltenen Markt gleichen Namens, der in bezug auf die vielen Wein- und Obstbauern sehr bedeutend war.
Die auffallendste Erscheinung in der 1975 50 Jahre alt gewordenen Bad Cannstatter Fasnacht ist der »Felbe«, der die Entstehung seiner knorrigen Holzmaske nachfolgend geschilderter wahren Begebenheit aus dem Jahre 1688 verdankt.
Damals näherte sich der französische General Mélac, der sich mit seinen Truppen auf einem Kriegszug befand, wieder einmal Cannstatt, wurde jedoch von den aufmerksamen Stadtsoldaten im trüben Licht der Morgendämmerung jenseits des Neckars sofort entdeckt. Als später der Nebel sich auflöste und die vermeintlichen Franzosen immer noch unentwegt auf ihren Posten blieben, mußten die wackeren Verteidiger erkennen, daß es sich um Weidenstümpfe (Weide = mundartlich Felbe) handelte, denen die Korbmacher die zum Flechten der Körbe benötigten Austriebe abgeschnitten hatten.
Die in Erinnerung hieran entstandene Gruppenmaske wird in unterschiedlichen Ausführungen von mehreren Schnitzern hergestellt. Man ist jedoch bestrebt, einen einheitlichen Typ zu schaffen. Ebenso soll in den kommenden Jahren die jetzt getragene Hose und der Kittel, die das ursprüngliche knöchellange, sackartige Gewand ablösten, einem neuen Häs Platz machen. Höhepunkte im närrischen Geschehen sind der schmotzige Donnerstag mit einem Kübelesrennen durch die Marktstraße sowie der Sturm auf das Rathaus am Fasnachtsdienstag.

Rottenburger Ahland

Mit Recht sind die Bürger der am Neckar liegenden Stadt Rottenburg stolz auf die Tradition ihrer Fasnet, denn die älteste Erwähnung stammt bereits aus dem Jahre 1410. Der stärkste Beweis für die wesenhafte Eigentümlichkeit sind jedoch weder historische Erinnerungen noch Jahreszahlen, sondern die Figur des nur in Rottenburg zu findenden Ahland. Dieser Name, mit Sicherheit vom althochdeutschen fâlant oder vâlant abgeleitet, bedeutet Teufel oder Dämon. »Junker Valand« war aber nicht nur der mittelalterliche Name des Teufels, sondern auch »der zu Fall Bringende«, was wiederum auf den ursprünglichen Sinn der Fasnet – den Winter zu Fall bringen – hinweist.
Modell für die diabolische Maske stand eine alte, aus der Frührenaissance stammende Sandsteinplastik von der Burg Alt-Rottenburg. Die heutigen, von Alois Stehle aus Rottenburg geschnitzten Masken präsentieren sich ihrem Vorbild entsprechend mit teuflischem Gesichtsausdruck, großen Kulleraugen, kurzer breiter Nase und weitaufgerissenem Rachen. Ein weißes Lammfell als Maskenabschluß verleiht einen zusätzlichen optischen Effekt.
Zwei bis vier Ledergehänge mit Bronze- oder Stahlglocken besetzt, lassen die Ahlande beim vom schmotzigen Donnerstag bis Fasnetdienstag 24 Uhr dauernden Ahlandlauf akustisch auffallen. In dieser Zeit ziehen sie unermüdlich durch die Straßen der Stadt, in der einen Hand den Stecken mit der Saublase, in der anderen eine Bonbonbüchse. Eine Spezialität ist außerdem der »Tanz der Ahlande«, ein imposanter Schautanz, der mit seiner Choreographie und seinem Rhythmus eine besondere Augenweide darstellt.

Kirchen-Hausener Latschari

Die Bezeichnung »Latschari« wird hauptsächlich angewandt für junge, schlaksige Leute, charakterisiert aber auch die übermütige Jugend und Personen mit angeborener Bauernschläue, sogenannte »Schlitzohren«.
Diese, seit 1911 in Kirchen-Hausen bekannte Narrenfigur trägt ein zweiteiliges Häs aus schwarzem Leinen, das mit ca. 2000 buntgemischten, kleinen Wollknäueln (Zettele) benäht ist.
Die aus der Werkstatt des Bräunlinger Holzschnitzers Schwarz stammende Gruppenmaske zeigt ein lächelndes, schnurrbartgeschmücktes Männergesicht. Als Maskenabschluß wird eine ebenfalls mit Zettele dekorierte Kapuze getragen. Den Hals ziert ein großer weißer Rüschenkragen. Zur Vollständigkeit des Latschari gehört ferner ein ca. 2,30 m hoher Schellenbaum, bei dem unter der mit blauem Stoff umspannten Spitze Metallglocken angeordnet sind.
Ein Beweis für die Beliebtheit und Popularität dieser örtlichen Fasnetfigur ist in Kirchen-Hausen der Latschariplatz mit seinem Narrenbrunnen.

Liptinger Schlehenbeißer

Die Figur des Liptinger Schlehenbeißers fußt auf einer alten Sage, in der von einem Männlein erzählt wird, das sich von Schlehen ernährte und beim Nähern von Menschen immer in Schlehendornhecken versteckte.
Eine weitere interessante Gegebenheit: Schon in weit zurückliegender Zeit wurden die Liptinger von klimatisch besser liegenden Hegaunachbarn Schlehenbeißer und Schlehenbuben genannt.
Die von Florian Schlosser aus Eigeltingen geschaffene Holz-Gruppenmaske zeigt ein faltiges Gesicht mit einer Schlehe zwischen den Zähnen. Das Narrenhäs besteht aus einer weißen, mit Symbolen der vier Jahreszeiten bemalten Hose und einem ebenfalls bemalten blauen Fuhrmannskittel mit weißem Haubenkragen. Den Übergang zwischen Maske und Haube bildet ein Roßhaarzopf.
Interessant ist bei den dargestellten vier Jahreszeiten immer der grundsätzliche Hinweis auf die Schlehe. Im Frühjahr – Blüte, im Sommer – Frucht, im Herbst – Ernte, im Winter – Schlehenschnaps brennen (Schlehengeist). Letzteres ist nicht nur ein aufgemaltes Symbol, sondern ein sich jährlich wiederholender Fasnachtsbrauch.

Engener Hansele

Der Engener Hansele ist seit der Mitte des vorigen Jahrhunderts bekannt. Daß die damaligen Gewänder nicht einheitlich waren, sondern mehr oder weniger ein Sammelsurium von Stoffresten und nach eigenem Können und Vermögen angefertigt wurden, war wahrscheinlich der Grund, daß diese Fasnetfigur längere Zeit aus dem Engener Narrenleben verschwunden war.
Anfang der zwanziger Jahre erinnerte man sich jedoch wieder an diesen Plätzlehansele, und 1927 wurde er in einheitlicher Gestaltung mit einem Häs in den Farben Schwarz und Rot aufs neue zum Leben erweckt. Den Kopf bedeckt jetzt eine aus fünf bis sechs Plätzlereihen bestehende, ebenfalls schwarz-rote Haube mit einem Fuchsschwanz. Die Sehschlitze der Stoffmaske sind mit rotem Samt umsäumt, dazwischen angeordnet ein mit Goldpailletten besetzter roter Samtrüssel. Abgerundet wird das Gesamtbild durch einen in der Hand getragenen Stecken mit einer »Saubloder«.
Heute sind die Plätzlehansele die dominierenden Gestalten der Engener Fasnet. So veranstalten sie beispielsweise für sich alljährlich einen Hanseleball und einen nächtlichen Fackelzug, bei dem anschließend alle Fackeln verbrannt und dabei der Hanseletanz aufgeführt wird.

Singener Hoorig Bär

Die Frage nach der Herkunft dieser in Erbsenstroh gehüllten Dämonengestalt ist nicht eindeutig zu beantworten. Oft sind ganz verschiedene Vorstellungen ineinander übergegangen, z. B. vom Bär als Symbol des Frühlings, nach anderer Auslegung wieder als Verkörperung des Unheimlichen. Die These, das Stroh als Sinnbild für das Leblose und Tote in Zusammenhang mit dem lebenzerstörenden Winter zu sehen, wird durch die Feststellung unterstrichen, daß in Stroh gehüllte Gestalten u. a. auch in vielen osteuropäischen Ländern auf den Winter bezogenes Brauchtum demonstrieren. In Verbindung mit dieser Annahme dürfte jedoch die Version am nächstliegenden sein, die den Ursprung dieser urigen Gestalt im Wilden Mann vermutet, zumal sie einen knorrigen Stock mit sich führt und Hoorig gleichgesetzt werden kann mit stark, kräftig, grob, ungestüm und wild.
Lange Zeit vergessen, wurde 1949 der Hoorig Bär nach der Schilderung älterer Bürger, die sich an ihn noch erinnern konnten, zu neuem Leben erweckt. Im Gegensatz zum Hoorig Bär des vergangenen Jahrhunderts, bei dem jedes Jahr die Neuanfertigung des »Roggenstrohkostüms« erforderlich war (der Träger war ganz darin eingebunden), erhielt der neue »Strohbär« ein Dauergewand, indem man Erbsenstroh auf Drillichanzüge nähte. Es hatte den großen Vorteil, daß man es komplett an- und ausziehen sowie bis zum nächsten Jahr weghängen konnte. Ebenfalls neu eingeführt wurden handgeschnitzte Holzmasken, die beim alten Bär nicht erforderlich waren, da man das Gesicht mit eingebunden hatte. Die Ausführung dieser meist wilden, bärtigen Fratzenlarven besorgte vor 1955 Fritz Moser aus Villingen, danach Hans Jehle aus Sulz a. Neckar.

Singener Hansele

Zu den Traditionsfiguren der am Hohentwiel liegenden Hegaustadt Singen gehört neben dem Hoorig Bär der ebenfalls viele Jahre in Vergessenheit geratene Hansele, in jener Zeit noch unter seinem alten Namen »Blätzlibuä« bekannt. Seit Beginn des 19. Jahrhunderts in Singen nachweisbar, war es seine ursprüngliche Aufgabe, als Treiber und Bewacher des Strohbären zu fungieren. Das damals getragene Narrenkleid war uneinheitlich mit verschiedenfarbig wahllos aufgenähten Stofflappen, an denen viele kleine Schellen befestigt waren. Als Kopfbedeckung diente meist ein alter gestrickter Strumpf oder eine lange Zipfelmütze mit einem daran befestigten und fast den Boden berührenden dünnen Seil, das am freihängenden Ende mit einigen bunten Bändern oder einem haarigen Tierschwanz dekoriert war. In der Hand hielt der Blätzlibuä an einem kurzen Geißelstock die schon damals unentbehrliche »Saublooderä«.

1949 wurde auch diese alte Narrengestalt wieder ins Singener Fasnetleben eingegliedert. Anstelle des früher getragenen, uneinheitlichen Narrengewandes kam ein neues Häs mit in gleicher Form und Größe gestanzten Blätzli und genau festgelegter Reihenfolge der Farben Blau, Gelb, Rot, Braun und Grün. Ebenso wurden die Stoffmasken, im Gegensatz zu den ehemaligen provisorischen Gesichtsverdeckungen, bei denen Stofflappen verschiedener Farben mit Guck- und Atemlöcher Verwendung fanden, jetzt einheitlich schwarz mit roter Umrandung von Gesicht, Augen, Nase und Mund.

Schuler
PASSAGE
Mode Zentrum
Schuler
Cafe
ELEKTRO

Steißlinger Storch

Mit der 1954 erfolgten Umbenennung des seit 1933 bestehenden Narrenvereins in »Storchenzunft« wurde ein spezielles Steißlinger Symbol angesprochen. Es handelt sich um die südlich des Ortes gelegene, inzwischen allerdings eingetrocknete alte Quelle des »Hohstetter«, an der sich früher viele Störche aufhielten und die deshalb auch Storchenbach genannt wurde.

Die Steißlinger Zunftstörche tragen ein naturgetreues Storchenkostüm mit einem Umhang, dessen Ärmel als bewegliche Flügel ausgebildet sind, ein kurzes weißes Höschen und rote Strumpfhosen. Zur Andeutung der Federn sind Umhang und Höschen mit weißen, die Ärmel stellenweise auch mit schwarzen Stoffplätzchen besetzt. Die von Josef Tränkle aus Elzach geschaffene Holzmaske hat einen beweglichen roten Schnabel der klappern kann.

Bei den Umzügen führt die Zunft einen Wagen mit, auf dem ein Haus mit Binsendach, Kamin und natürlich ein Nest mit einem Zunftstorch aufgebaut ist.

Hans Kuony von Stocken

Die Jahreszahl 1351 hat für Stockach, der unweit des Bodensees liegenden romantischen alten Narrenstadt, eine ganz besondere Bedeutung, denn in diesem Jahr erhielt der in Stockach geborene Hofnarr des Herzogs Leopold von Österreich das Privileg für die nun über 625 Jahre alte Fasnachtsform des »Hohen grobgünstigen Narrengerichts«.

Die Vorgeschichte: In einem Kriegszug gegen die Schweiz nach seiner Meinung befragt wie ihm »die Sach« gefalle, antwortete Hans Kuony von Stocken: »Ihr tätet besser zu rathen wie ihr herauskommt als wie hinein.« (Es gibt von diesem berühmten Ausspruch mehrere Versionen.) Er sollte recht behalten, denn das bisher ungeschlagene österreichische Reiterheer wurde in der Schlacht am Morgarten völlig vernichtet. Herzog Leopold, mit viel Glück dem Massaker entgangen, erinnerte sich des klugen Rates seines Hofnarren und versprach ihm die Erfüllung eines besonderen Wunsches. Hans Kuony erbat sich das eingangs schon erwähnte Privileg für die Gründung einer Narrenzunft und eines Narrengerichtes in seiner Vaterstadt. Nach dem überraschenden Tode Leopolds löste dessen Bruder Albrecht das Versprechen ein, und der Hofnarr erhielt die erbetene Urkunde ausgehändigt. Diese soll dann in der Säule des Marktbrunnens aufbewahrt worden sein, wo sie allerdings durch Feuchtigkeitseinfluß dem Verfall preisgegeben war. Glücklicherweise wurden immer wieder Abschriften angefertigt, von denen die aus dem Jahre 1743 noch erhalten ist.

Der heutige Hans Kuony stellt sich in einem rot-schwarzen Gewand und einer zweizipfeligen Narrenkappe in denselben Farben vor. Zum weiteren Erscheinungsbild gehören bunte Beinkleider, Schnabelschuhe sowie weiße Handschuhe und das obligatorische Narrenzepter.

Die historische Figur selbst ist mehrfach urkundlich bestätigt. Erstmals bekannte Erwähnung in Heinrich Wittenweilers spätmittelalterlichen Dichtung »Der Ring« um 1400.

gyen Egre / veratſchlagt er
land Schweytz kōmen möcht
nethalb dē Egre ſee vnd dē b

in narr redt
ernünfftige
vort.

Sto
nit/
wöll
wid l
mit l
ſie ar
zog
von e
von de
über di
ſchrib
Mor
mit j
vnd
do den berg yn. Außertha
auch auß dem land Schw
chen leyſten (dan ſie war
hin/den jren von Schw
zeiig zwiſchen dem Eg
das land Schweyt

Konterfei des Kuony von Stocken in der Cosmographia universalis von Sebastian Münster (1489 – 1552)

Stockacher Gerichtsnarr

Die schon genannte einzig erhalten gebliebene Abschrift der »Statt Stokhachischen Narren-Gerichts-Privilegien und Freyheiten« beginnt mit folgendem Wortlaut: »Hans Kuene undt allen seinen Nachkommenden Burger von Stockach sey vergunnet und in Gnaden erteilt, alle jährlich in der Faßtnacht und zu ewigen Zeiten, in der Faßtnacht das Narren Gericht zu halten.«
Dieses im Jahre 1351 erteilte Privileg hat bis zum heutigen Tag nichts von seiner Ursprünglichkeit verloren und findet im »Hohen grobgünstigen Narrengericht« alljährlich seine Bestätigung. Das närrische Kollegium selbst, dem als Repräsentant ein Narrenrichter vorsteht, ist variabel und umfaßt in der Regel 15 bis 20 Gerichtsnarren. Sie sind seit ebenso langer Zeit bekannt wie das Narrengericht selbst und tragen – wie auch die Narrenrichter – das Gewand eines mittelalterlichen Ratsherrn mit buntem Samtwams, schwarzen Kniebundhosen, schwarzen Strümpfen und Schnallenschuhen. Auf der Straße verleiht der ergänzende dreiviertellange, grüne Samtmantel mit Hermelinbesatz sowie die weißen Handschuhe eine vornehme und Würde ausstrahlende Note. Die als Kopfbedeckung getragene bunte dreizipfelige Kappe weist am mittleren Zipfel immer die rot-weißen Stadtfarben auf.
Den Gerichtsnarren kommen spezielle Einzelaufgaben zu, u. a. als Laufnarrenvater, Narrenschreiber, Säckelmeister, Archivar, Kämmerer sowie Zeug-, Ordens- und Pritschenmeister. Allen, nicht mit einem bestimmten Amt Betrauten, werden je nach Eignung und Notwendigkeit andere Funktionen zugeordnet. So treten beispielsweise beim Abhalten eines Narrengerichts einige Gerichtsnarren wie in früheren Jahrhunderten als »Gerichtsfürsprech« und als »Kläger bey Gericht« auf.

Stockacher Laufnarr

Ebenso alt wie die Gerichtsnarren, bildet auch diese Gruppe eine spezielle Sektion innerhalb der Zunft. Ursprünglich in Harlekinstracht gekleidet, waren sie die Gehilfen und Assistenten des närrischen Tribunals mit der Aufgabe, die »Übeltäter«, über die in »grobgünstiger« Weise ein Urteil gesprochen werden sollte, einzufangen und mit dem Strohseil gefesselt vorzuführen.
Sie kommen heute aus allen Schichten und Berufen und werden, nachdem sie sich eingekauft und mit feierlichem Narrenschwur zu Satzungen und Ordnungen bekannt haben, mit kräftigem Pritschenschlag zum Laufnarr geschlagen. Die hierüber erhaltene Urkunde und Plakette sind obligatorisch.
Als einzige Stockacher Narrenfigur tragen seit 1963 alle in dieser Gruppe vereinigten und in Stockach wohnenden Laufnarren eine von Josef Tränkle aus Elzach entworfene und geschnitzte Holzmaske sowie folgendes Gewand: Kittel aus Wollstoff, großflächig in den Farben Rot, Grün und Blau gemustert. Lange schwarze Hose mit goldgelber Wellenlitze verziert, ein goldgelbes Tuch und um die Taille eine dicke gelbe Kordel als Symbol und Ersatz des früher verwendeten Strohseils.
Stockacher Laufnarren sind in aller Welt anzutreffen, ihre Namen und Adressen stehen im Stockacher Narrenbuch.
Bekannte Laufnarren:
Pfarrer und Volksschriftsteller Heinrich Hansjakob, Graf Luckner (Seeteufel), Kurt-Georg Kiesinger, Hans Filbinger u. v. a.

Stockacher Zimmerer

Von den Gilden und Gruppen, die für die Durchführung der Stokkacher Fasnet verantwortlich zeichnen, müssen als wichtige »Akteure« die Zimmerer genannt werden.

In dieser 1881 entstandenen Gilde, der vor allem das Abholen und Aufstellen des Narrenbaumes obliegt, sind Meister, Polier, Gesellen und die »Herren« Lehrbuben anzutreffen. Das Narrenbaumsetzen selbst hat aller Wahrscheinlichkeit nach in der Mitte des 18. Jahrhunderts in Stockach seinen Anfang genommen, denn Protokolle aus jener Zeit berichten von Narren, die um Genehmigung nachsuchten, am schmutzigen Donnerstag verkleidet und maskiert den »Majen Stecken« setzen zu dürfen. Gerade in Stockach ist das Aufstellen des Narrenbaums heute noch eine Handlung, die an Einfällen, Humor und Originalität nicht zu übertreffen ist. Wenn am »Schmotzige Dunschtig« die bis 40 m lange Tanne durch die engen Straßen der Altstadt gesteuert wird und die Baumkrone dabei alles im Weg stehende ab- oder wegfegt, haben kleine und große Zuschauer ihren Heidenspaß. Noch interessanter wird es, wenn die Zimmerer mit ihren überdimensionierten Werkzeugen wie Zangen, Winkel, Meßlatten oder Sägen eingreifen müssen, um dem Narrenbaum, der ja bis zum Einbruch der Dunkelheit stehen muß, seinen Weg zu bahnen. Selbst das Entfernen oder Zunageln von Fensterläden ist hierbei nichts Ungewöhnliches.

Während früher bei den Zimmerern schwarze Rohrstiefel, Pumphosen und Schürzen sowie auch Melonen und Zylinder getragen wurden, haben sie seit 1933 eine neue, aus Stulpenstiefeln, schwarzer Hose, weißem weitärmeligen Hemd, Lederkoller, Schurzfell und hohem federgeschmückten Spitzrandhut bestehende »Berufskleidung«.

Apotheke

Stockacher Hänsele

Die zahlenmäßig größte Gruppe sind die ebenfalls zu den Altfiguren der Stockacher Fasnet gehörenden Hänsele. Wie bei vielen anderen Blätzlenarren vom Schwarzwald, Hegau oder Bodensee bestand auch das herkömmliche Stockacher Narrengewand aus Stoffresten in allen möglichen Farben und Formen, die wahllos auf einen alten Anzug genäht waren.

Seit 1933 präsentieren sie sich in einem leuchtenden, farblich sehr ansprechenden Blätzlehäs in der Kombination rot, gelb, orange, blau, grün und schwarz. (Die gleichen Farben sind übrigens auch in dem 1963 neu gestalteten Laufnarrengewand zu finden.) In Übereinstimmung mit den Blätzlenarren dieser Region trägt der Stockacher Hänsele keine Holzmaske, sondern eine aus denselben Blätzle wie das Narrenkleid ausgeführte Stoffmaske, die visierartig nach oben bzw. unten geklappt werden kann. Zusätzlicher Schmuck ist auf der Haube ein schwarzer Kopfputz in Form und Art eines Hahnenkamms. Auch die an einem Stecken getragene Saubloder ist nicht unbekannt.

Wie ihre närrischen Kollegen aus der Zimmerergilde haben auch die Hänsele ihre eigenen Satzungen und Ordnungen, die u. a. vorsehen, daß alle, vom jüngsten Narrensamen bis zum ältesten Senior, registriert sein müssen. An ihrer Spitze steht ein Hänselemeister und ein Stellvertreter, von denen einer Sitz und bei Bewährung auch Stimme im Narrengericht hat.

Stockacher Narrenbüttel

Eine Narrenfigur der man im Hegau oft begegnet ist der Narrenbüttel. Er übt jedoch nicht – wie sein Name vermuten läßt – närrische Polizeigewalt aus und trägt auch keine polizeiähnliche Uniform, sondern ein rot-weißes Hofnarrengewand mit großer weißer Halskrause und zweizipfeliger Narrenkappe. Ein weiteres Zeichen seiner Anti-Autorität – der in der Hand gehaltene Zeremonienstab. Der Narrenbüttel ist der offizielle Platzmacher des Gerichts wenn es in seiner Gesamtheit erscheint und tanzt auch bei Umzügen vor diesem einher. Da sich der ihn verkörpernde Narr dabei durch tänzerische Begabung und Wendigkeit auszeichnet, bildet er mit seinen Sprüngen und Späßen einen besonderen Blickfang im großen Aufgebot der Stockacher Fasnetgestalten.

Alt-Stockacherin

Eine immer gern gesehene Gruppe sind die Alt-Stockacherinnen, die sich im Gegensatz zu Trachtenträgerinnen anderer Städte und Dörfer nur an Fasnet der Öffentlichkeit präsentieren. Wie in Villingen tragen auch sie die vorderösterreichische Bürgerinnentracht mit silberner oder goldener Radhaube sowie den Wiener-, Kaschmir- oder Türkenschal. Durch ihre vornehme malerische Erscheinung bilden sie beim Spiel oder Umzug zum würdig erscheinenden Kollegium des Narrengerichts eine harmonisch gut abgestimmte Umrahmung und Ergänzung.

Das Hohe Grobgünstige Narrengericht zu Stocken

Radolfzeller Kappedeschle

Ratsprotokolle aus vergangenen Jahrhunderten – das älteste aus dem Jahre 1560 – bestätigen ein frühes fasnachtliches Brauchtum der am Bodensee liegenden Stadt Radolfzell. Nicht so alt, doch auch historischen Ursprungs ist die Figur des Kappedeschle, heute in einem bunten Narrenhäs in den Farben Rot, Grün, Gelb und Schwarz.

Die Begebenheit, die ihn 1936 zur Narrengestalt machte, trug sich im Jahre 1848 zu, als nach dem Zusammenbruch der badischen Revolution die preußische Besatzungsmacht u. a. auch jegliches öffentliche Fasnachtstreiben untersagte. Stillschweigend fügten sich alle diesem Verbot, nur der Landwirt Xaver Deschle, ein Erznarr, überlegte, wie er den Preußen ein Schnippchen schlagen konnte. Er bat den Kommandanten, wenigstens mit Narrenkappe und Narrenhäs zum Fenster hinausschauen zu dürfen. Der Bitte wurde entsprochen und der Kappedeschle baute zu Hause einen transportablen Fensterstock zusammen, zog sein Fasnethäs an, hing sich das Fenster um den Hals und sprang kreuz und quer durch die Radolfzeller Straßen. So kam er auch, einen johlenden Kinderschwarm im Gefolge, vor das Quartier des Kommandanten, den beim Anblick dieses Aufzugs fast der Schlag traf. Doch der Kappedeschle, nicht aufs Maul gefallen, erklärte ihm: »Sie selber hond mer's jo erlaubt im Narrehäs zum Kriizstock usi z'gucke.«

Dem Kommandanten, der merkte, daß er hereingelegt worden war, blieb nichts anderes übrig, als gute Miene zum bösen Spiel zu machen.

Radolfzeller Hänsele

Der Radolfzeller Hänsele ist eine altüberlieferte Fasnetgestalt. So berichtet beispielsweise das Narrenbuch im Jahre 1866 von einem Hanselzug und erwähnt bereits 1872 den Hanselschritt.
Seiner optischen Wirkung voll und ganz bewußt, präsentiert er sich heute in einem Narrengewand aus wappenförmig geschnittenen und teilweise mit kleinen Glöckchen bestückten »Blätzle« in den harmonischen Stadtfarben Gelb, Weinrot und Hellrot. Besonders dekorativ wirkt seine schwarze Samtmaske, die nach hinten ebenfalls durch Blätzle in den vorstehend genannten Farben abgeschlossen ist. Weitere Blickpunkte bilden hier außerdem der nach oben laufende, hahnenkammartige Aufputz sowie die schwarze, rüsselähnliche Nasenverlängerung, die ebenso wie die Augenschlitze durch aufgenähte Goldflitterplättchen noch zusätzlich hervorgehoben wird.
Im Oberteil des Blätzlegewandes ist in Brusthöhe ein weißes Tuch befestigt, das als Zeichen närrischer Reinheit zu verstehen ist. Auf der Rückseite der Maskenhaube das Symbol närrischer Freiheit und – Schläue: der obligatorische Fuchsschwanz. Ein wertvolles und unentbehrliches Utensil ist auch beim Radolfzeller Hänsele die an einem kurzen Stock befestigte »Saubloder«, über deren nicht gerade sanften Verwendungszweck schon an anderer Stelle berichtet wurde.

Allensbacher Alet

Die Allensbacher Fasnet, bereits 1549 urkundlich erwähnt, hat sich bis in die heutige Zeit sehr lebendig erhalten.
1909 wurden die Hansele in der Hanselzunft des Narrenvereins Alet e.V. zusammengeschlossen und erhielten 1949 ihr heute noch bestehendes Aussehen.
Der Name Alet stammt von dem Fisch, der einer alten Legende nach dem Ort den Namen gegeben haben soll. Die von J. Waldvogel entworfene Gruppenmaske stellt deshalb einen meist aus Pappelholz geschnitzten und mit Ölfarbe bemalten Aletkopf dar, an dem Stücke von Fischnetzen herabhängen.
Das Narrenhäs aus ungebleichter, naturfarbener Leinwand ist mit folgenden Motiven bemalt:
Auf der Vorderseite ein Rohrsänger und ein Eisvogel, auf dem Rücken eine Darstellung, die auf das Allensbacher Wappen Bezug nimmt und die Zusammengehörigkeit mit den Nachbargemeinden symbolisiert. Die Ärmel sind entsprechend den Wappenfarben rot. Um den Hals wird ein seidenes Halstuch getragen. Die Hose, ebenfalls aus naturfarbener Leinwand, erinnert an die Schuppenstruktur eines Fisches.
In der Hand hält der Hansel einen kurzen Haselnußstock mit einer »Saubloder«, die er knallend auf die Straße schlägt oder vor den Gesichtern der Zuschauer tanzen läßt.

Konstanzer Blätzlebue

Mit seinem Häs aus etwa 1700 schuppenförmigen Blätzle und einer vom Stirnansatz bis auf den Rücken laufenden roten Rüsche erinnert der Konstanzer Blätzlebue an einen Hahn, der dem alten Dämonenglauben nach mit seinem Ruf die Dunkelheit verscheucht und die leben- und wärmespendende Sonne begrüßt.
Alte Überlieferungen sprechen dafür, daß das Blätzlehäs auf heidnisch-frühfasnachtliche Vermummungen zurückgeht. Während ein solches Gewand bereits auf einem, aus dem Jahre 1566 stammenden Holzschnitt von Pieter Breughel d. Ä. zu sehen ist, findet es in einem Konstanzer Ratsprotokoll von 1363 eine noch 200 Jahre weiter zurückliegende Erwähnung. Das heutige Häs hat im Gegensatz zu den früher aus alten, verschiedenfarbigen Stoffresten hergestellten Gewändern, deren Blätzle mit Knopflochstichen umnäht waren, einfarbige gestanzte Filzblätzle in bestimmter Farbordnung. Bei der ebenfalls aus Blätzle bestehenden Maske wurden die Ausschnitte für Nase und Mund durch rote Umrandungen zusätzlich hervorgehoben. Weiße Handschuhe und eine Narrenpritsche komplettieren das Aussehen dieser traditionsreichen Narrenfigur.
Zum Brauchtum der Blätzlebuebe gehört das Wecken mit Befreiung der Schüler, das Verbrennen der Fasnacht sowie der Laternentanz, bei dem ein Konstanzer Ratsbeschluß von 1388, der jegliches Tanzen, Singen und Pfeifen auf der Straße verbot, verulkt wird.

Standarte der Blätzlebuebezunft

1363 Geburtsjahr der Blätzlebuebe
1934 Jahr der Wiedergründung
1975 Jahr der Fahnenweihe

Laternentanz

Blätzleruf

Blätzlebuebe eins, zwei, drei
gond vum erschte Hahneschrei
Gäßle uff und Gäßle ab,
Klopfed alle Winkel ab,
schtrählet Mädle, Wieb und Ma,
schtrählet alles drum und dra,
Sufet wa no kunnt dezue
Narro, Narro, Blätzlebue.

Konstanzer Polizeiblätz

Mehrere hundert Konstanzer Blätzlebuebe verkörpern die altüberlieferte Straßenfasnacht und sind quicklebendige, die närrische Szenerie beherrschende Figuren der an Bodensee und Rhein liegenden Stadt.
Wie in vielen anderen Zünften ist auch hier die Gestalt eines Narrenpolizisten anzutreffen, dessen örtliche Bezeichnung Polizeiblätz oder Blätzlebüttel lautet. Wer hinter dieser Narrenfigur jedoch eine gewisse Autorität vermutet, muß sich bei näherer Betrachtung der Sitten und Gebräuche eines Besseren belehren lassen. So verliest der Polizeiblätz z. B. am schmutzigen Donnerstag nach dem Wekken am frühen Morgen und dem schon erwähnten Laternentanz ein altes Fasnachtsverbot, wofür er von seinen respektlosen Zuhörern nicht nur ausgelacht, sondern auch noch mit Hohn und Spott bedacht wird.
Im Gegensatz zum Blätzlebue trägt der Polizeiblätz eine geschnitzte Holzmaske, bei der besonders die Falten und Furchen ins Auge fallen sowie eine schiffchenförmige Kopfbedeckung. Ebenfalls an den Hahnenkamm der Blätzlebuebe angelehnt ist die um den Hals getragene rote Krause. Das übrige Gewand dieser originellen Figur entspricht in Form und Farben dem dieser Zunft den Namen gebenden Narrenhäs.

Litzelstetter Kuckuck

Der am Überlinger See gegenüber der Insel Mainau gelegene Ort und heutige Konstanzer Stadtteil Litzelstetten bot mit seiner Uferlandschaft und seinen bewaldeten Hügeln seit eh und je einen idealen Lebensraum für den Kuckuck. Es war daher kein Wunder, daß er hier nicht nur seinen bekannten Ruf erschallen ließ und seine Eier in fremde Nester verteilte, sondern schon immer eine besondere Rolle spielte.

So sollen die Litzelstetter, von ihren Nachbarn auch »Kuckucksmetzger« genannt, nach Erzählung der ältesten Einwohner während einer Kuckucksplage einmal versucht haben, diese Vögel in einem Gehege zu fangen, um sie zu »metzge« (schlachten). Der Plan mißlang, und die Kuckucke lassen bis zum heutigen Tag ihren Ruf von den Seeufern und vom Purren (höchster Punkt des Ortes) weiter erschallen.

Als man 1951 eine Narrengesellschaft gründete, war es in Erinnerung an das mißlungene Unternehmen der Kuckuck, der zum Namensgeber und Symbol wurde. Florian Schlosser aus Eigeltingen schuf 1964 eine aus Holz geschnitzte Kuckucksmaske, zu der eine Filzjacke mit Flügeln über den Ärmeln, Latzhosen aus bedrucktem Baumwollstoff und gelb-rötlich-braune Kniestrümpfe getragen werden. Den Maskenabschluß bildet ein Kopftuch aus bemaltem Filz.

Viel hintergründige Weisheit und Wahrheit verbirgt sich im alljährlich mit Spannung erwarteten »Kuckucksgeschrei«. So nennen sich die weit und breit bekannten bunten Abende, bei denen auf närrische Art glossiert wird, was sich im Laufe des Jahres im Ort ereignet hat.

Tettnanger Gätterlet

Die aller Wahrscheinlichkeit nach älteste Narrenfigur der in unmittelbarer Nähe des Bodensees liegenden Stadt Tettnang dürfte der Gätterlet sein. Nach der Erzählung des im Jahre 1951 im Alter von 94 Jahren verstorbenen Georg Locher, der sich an diese Gestalt, die in seiner Jugendzeit im Mittelpunkt des fasnachtlichen Treibens stand, noch erinnern konnte, wurde das Häs im Jahre 1953 neu gestaltet.
Das eigenartige Wort Gätterlet kommt von Gatter, unter dem man sich im allgemeinen Sprachgebrauch einen aus Holzlatten bestehenden Zaun vorstellt. In diesem Fall allerdings bezieht es sich auf die viereckigen, farbigen Stoffteile, aus denen das Narrengewand zusammengesetzt ist. Im Gegensatz zu den meisten Plätzlegewändern, bei denen die Plätzle auf einen Unterstoff aufgenäht sind, werden sie hier als auf der Spitze stehende Karos aneinander genäht und ergeben mit ihren Farben Rot, Blau, Gelb, Weiß und Schwarz ein prächtiges Bild.
Die freundlich lächelnde Gruppenmaske wurde erstmals von Max Strobel geschnitzt. Für die heutigen Ausführungen sorgt seine Tochter, Frau Haynalka Feldmann-Strobel, aus Bad Waldsee. Als närrische Insignie besitzt der Gätterlet eine Rätsche, mit der er sich akustisch bemerkbar macht.

Tettnanger Giggeler

Von einer Gräfin des damals in Tettnang herrschenden Geschlechts der Montforts weiß die um ca. 1700 geschriebene Chronik zu berichten, daß sie sich an einem Fasnachtstag in verschiedenen Narrengewändern der Öffentlichkeit zeigte. Ob sich eine Verkleidung dieser lebenslustigen Dame auch schon auf den »Giggeler« bezog, wird allerdings nie festzustellen sein.

Diese vogelartige, auf die Fruchtbarkeit ausgerichtete alte Tiergestalt kann als Gegenstück zum Rottweiler Guller angesehen werden. Das Narrenhäs, das schon um die Jahrhundertwende von den Tettnanger Kindern getragen wurde, setzt sich zusammen aus einer dottergelben Hose, die ebenso wie der gleichfarbige Kittel mit roten gezipfelten Besätzen eingefaßt und an den Spitzen mit kleinen Glöckchen verziert ist.

Von gleicher Farbe und Beschaffenheit ist die zusätzlich mit einem roten Kamm geschmückte Stoffhaube, die nach vorne über das Gesicht gezogen wird und durch ausgeschnittene Löcher für Mund, Nase und Augen gleichzeitig ihre Funktion als Larve erfüllt. Eine in der Hand getragene »Saubloder« vervollständigt abschließend das närrische Gesamtbild dieser alten Fasnetfigur.

Tettnanger Hopfennarr

Der seit der Mitte des vorigen Jahrhunderts bestehende Hopfenanbau brachte der Stadt Tettnang nicht nur einen wirtschaftlichen Aufschwung, sondern auch – allerdings erst in den Jahren 1953 – 1960, also ca. 100 Jahre später – eine ganze Anzahl auf den Hopfen bezogene Narrengestalten.
In seiner Idee allerdings schon kurz vor dem Zweiten Weltkrieg entstanden, ist der in einen grünen, mit Hopfenranken und Hopfenblättern bemalten zweiteiligen Anzug gekleidete Hopfennarr hiervon ein typischer und markanter Vertreter. Die von Bildhauer J. Hasenmaile aus Biberach a. d. Riß gestaltete Holz-Gruppenmaske mit einem lachenden, gutmütigen Männergesicht ist in ihrer Aussage ganz auf den Hopfen abgestimmt, denn sie trägt als auffallende Elemente angeschnitzte Dolden, Blätter, Ranken und Blüten. Von der Maske fällt als Abschluß ein kleiner Umhang über die Schulter, dessen Applikation ebenfalls aus Hopfenblättern und Hopfendolden besteht.
Der in der Hand getragene Schellenstab mit neun kleinen Messingglocken sorgt im Gegensatz zum Hopfen nicht nur für einen biologischen, sondern auch für einen närrischen Effekt.

Tettnanger Hopfensau

In vielen Fällen liegt der Grund für die auf Menschen angewandten Tierbezeichnungen weitgehend im dunkeln. Bei dieser Tettnanger Narrenfigur jedoch kann er eindeutig nachgewiesen werden, denn die an treffenden und derben Ausdrucksformen nie verlegenen Schwaben bezeichneten früher, als der Hopfen noch mit der Hand gepflückt wurde, diejenige Pflückerin als »Hopfensau«, welche mit dem Pflücken zuletzt fertig wurde. Außerdem bekam sie beim Vesper eine besonders gut bemessene Portion und bei der Heimfahrt oben auf dem Wagen einen bevorzugten Platz. Heute, da der Hopfen nicht mehr in Handarbeit sondern mit der Maschine gepflückt wird, ist die Hopfensau eine der letzten Erinnerungen an diesen in früherer Zeit begangenen Erntebrauch.
Wie der Hopfennarr, trägt auch die Hopfensau ein aus Hose, Jacke und Maskenhaube bestehendes, mit Hopfenblättern und Hopfenranken verziertes Gewand, das auf dem Rücken in Erinnerung an die mehrere Jahrhunderte in Tettnang residierenden Grafen von Montfort deren Schloß zeigt.
Die mit ihren angeschnitzten Blättern und Blüten auf den Hopfen aufmerksam machende Einzelmaske von J. Hasenmaile bestätigt mit ihrem Schweinekopf den Namen seines Trägers, der als zusätzliches Schweinesymbol eine »Blater« dieses Tieres mit sich führt.

Tettnanger Rote Spinne

Eine ebenfalls der Hopfengruppe angehörende Narrenfigur ist die Rote Spinne, die unter den Schädlingen des Hopfens als der gefährlichste bekannt ist.
Gut charakterisiert die als Spinnengesicht ausgebildete Holzmaske dieses von allen Hopfenpflanzern gefürchtete Insekt, zumal die durch große Gitter verdeckte Augenpartie der ebenfalls von J. Hasenmaile geschaffenen Larve etwas Unheimliches und Dämonisches verleiht. Die mit einer engen, schwarzen Hose bekleidete Gestalt trägt ein grünes Oberteil mit einem großen roten Flecken als Rückendekor sowie einen mit kleinen Schellen und Hopfenblüten geschmückten Schulterkragen. Um auch wie die anderen Figuren aus der Hopfengruppe die unmittelbare Verbindung mit dieser Pflanze zum Ausdruck zu bringen, ist der Stirnkranz der Maskenhaube mit Hopfenblüten besetzt. Ebenfalls mit derselben Applikation ist auch das Requisit der Roten Spinne – ein in der Hand getragener roter Schirm – versehen.
Eine festgelegte Ordnung reduziert diese Fasnachtsgestalt auf eine kleine Gruppe, denn sie schreibt vor, daß auf jeweils ca. 20 Hopfennarren nur eine Rote Spinne kommen darf.

Montfort
Je hu
J
E
H
U

Abb. links: Hopfennarrenbaum

Abb. unten, von links nach rechts:
Hopfensau, Standarte,
Giggeler, Gätterlet,
Hopfennarr, Rote Spinne

Bad Waldseer Federle

»Der Böse von Waldsee hieß nämlich Hans Federle«, so steht es wiederholt in den aus den Jahren 1518 bis 1589 bekannten Urgichten (Aussagen). Mit dieser Feststellung ist bereits die jahrhundertealte Tradition dieser Figur dokumentiert, von der lang zurückliegende Überlieferungen zu berichten wissen, daß es sich um einen bösartigen, zu allem entschlossenen aber auch galanten Jäger handelte, der u. a. bei den damals stattfindenden Hexenprozessen manche Unschuldige vom Scheiterhaufen gerettet haben soll.
Der Federle ist nicht nur die älteste Bad Waldseer Narrengestalt, sondern auch ein typischer Vertreter der Straßenfasnacht, der als Springnarr mit seinem ca. 2 m langen Gabelstock die unwahrscheinlichsten Sprünge vollführt. Seine auf die Urgestalt bezogenen charakteristischen Merkmale finden ihren Niederschlag in einer Holzmaske mit hämischen, man kann fast sagen bösen und doch wieder gutmütigen Gesichtszügen. Als Maskenschnitzer, die sich um diese ausdrucksvolle Gruppenmaske verdient gemacht haben, sind Sepp Beyerle, Max Strobel und dessen Tochter, Frau Haynalka Feldmann-Strobel, zu nennen.
Der bis in die Kniekehle reichende grüne Umhang steht in engster Beziehung zum Namen seines Trägers, denn er ist auf der Außenseite mit Federn aller Art und Farbe besteckt. Die Innenseite zeigt ein kräftiges Rot. Zur Kleidung gehören ferner rote Strumpfhosen, Schnabelschuhe und schwarzes Samtwams mit Ledergürtel. Die Maske ist mit einem braunen Samthut gekrönt, der Kopf in ein orangefarbenes, bis auf die Schulter reichendes Tuch eingebunden. In diesem Aussehen stellte sich der Federle erstmals 1931 der Öffentlichkeit vor.

Bad Waldseer Faselhannes

Diese Gestalt im bemalten oder bestickten weißen Leinengewand ist eine Symbolfigur, denn sie versinnbildlicht den Frühling. In dieser Auslegung ist auch die aus Bluse und Pluderhose bestehende Kleidung zu verstehen, die mit ihren Dekors die Fruchtbarkeit und das baldige Erwachen der den Winter ablösenden Jahreszeit zum Ausdruck bringt. Weitere Abbildungen auf dem Gewand weisen auf verschiedene Originalfiguren der Waldseer Fasnet hin.

Der Faselhannes ist ein Narr der aufsagt, also schnurrt, strählt oder »faselt«. Da ihm dabei das Wahrnehmen des alten Rügerechts obliegt, führt er stets sein Aufsagebuch bei sich, in dem er alle Begebenheiten aufgezeichnet hat, die er seinen mehr oder weniger geliebten Zeitgenossen vorzuhalten gedenkt. In diesem Zusammenhang sei auch auf die am Arm baumelnde Narrenwurst hingewiesen, die der Faselhannes beim Aufsagen als verlängerten Zeigefinger benutzt.

Auf diese Tätigkeit hervorragend abgestimmt ist die Holzlarve mit ihrem spitzbübischen und an den »schlauen Fuchs« erinnernden lächelnden Gesichtsausdruck, dem man ohne weiteres zutraut, daß sein Träger beim »faseln« nicht nur Komplimente verteilt. Auf dieser, ebenfalls von Sepp Beyerle, Max Strobel und Haynalka Feldmann-Strobel geschnitzten Maske sitzt eine weißleinene bemalte oder bestickte spitze Mütze mit Schulterlatz und je einem links und rechts angeordneten Fuchsschwanz. Über die Schultern hängen zwei sich kreuzende Schellengurte, um die Hüfte wird ein Leibriemen getragen. Bekannt in dieser Kleidung und Ausstattung ist der Faselhannes seit 1931.

Bad Waldseer Schrättele

Eine auffallende Erscheinung in der nachweislich schon im Jahre 1463 gefeierten Waldseer Fasnet ist das Schrättele. Abgeleitet ist diese Figur vom männlichen Schratt, einem in alten deutschen und Schweizer Erzählungen vorkommenden Dämonen, Plagegeist und Unruhestifter. Tritt er, wie oft der Fall, als weibliches Wesen auf, ist diese in den großen Kreis der Hexen einzugliedern. Als solche hat sie auch in ihrer heutigen Form 1931 Eingang ins Bad Waldseer Fasnetgeschehen gefunden. Sie gilt – wie auch der Federle – nach regionaler Überlieferung als Sinnbild des Bösen und des Winters.

»Mi hot's Schrättele druckt« ist noch heute der örtlich oftmals angewandte Ausdruck für einen Alptraum. Betrachtet man die von Sepp Beyerle, Max Strobel und Haynalka Feldmann-Strobel geschnitzten, hämisch grinsenden Holzlarven mit den angsteinflößenden und furchterregenden Gesichtszügen, so kann man diese Auslegung durchaus verstehen.

Bekleidet ist das Schrättele mit einem roten und darüber getragenen grünen halblangen Rock, senfbrauner Bluse, schwarzen bis zum Ellenbogen reichenden, innen rot gefütterten Umhang sowie rot-weißen Ringelsocken und Strohschuhen. Ebenfalls rot ist das als Maskenabschluß in Form der gotischen Haube getragene Tuch. Eine wertvolle und unentbehrliche Hilfe beim stürmischen und temperamentvollen Treiben auf der Straße bildet für jedes Schrättele der immer mitgeführte Hexenbesen.

Die Schrättele sind los!

Saulgauer Dorausschreier

Diese älteste und traditionsreichste Figur der Saulgauer Fasnet kann ein über 600 Jahre altes Brauchtum nachweisen.
Entstanden aus einer Pest- und Hungersnot im 13. Jahrhundert bildet der alte Fasnetbrauch des »Doraus-detnaus« den Kernpunkt im örtlichen Narrenleben. Damals in jener Notzeit begaben sich angesehene Saulgauer Bürger in die Nachbardörfer, um für die alten Leute und die hungernden Kinder Brot zu betteln. Um nicht erkannt zu werden, verkleideten sie sich und gingen, wie es in dem alten Spruch heißt: »Doraus-detnaus, bei dr alta Linda naus.«
Von diesem Zeitpunkt an sah man die »Dorausschreier« alljährlich, in ärmliche Kleidung gehüllt, an einer langen Stange einen Korb ohne Boden vor sich hertragend von Haus zu Haus gehen. Die aus den Fenstern geworfenen Würste, Brezeln und Äpfel fielen durch den bodenlosen Korb und wurden von armen Leuten und Kindern aufgesammelt.
Der heutige Dorausschreier trägt als Fasnetgewand eine ausgefranste Hose, darüber ein buntbemaltes langes Hemd, auf dessen Vorderseite die Worte Doraus-detnaus zu lesen sind. Auf dem Rücken prangt das Stadtbild von Saulgau. Zur Ausstattung gehören ferner ein Paar alte Latschen, ein alter Hut ohne Deckel, Kopf- und Halstuch, die traditionelle lange Stange mit dem bodenlosen Korb sowie eine aus Holz geschnitzte Gruppenmaske, in deren geöffneten Mund eine Wurst oder ein Hering steckt.

Saulgauer Hexe

Neben dem Dorausschreier ist diese Figur die wohl wichtigste Gestalt der Saulgauer Fasnet. Ebenfalls auf eine lange Tradition zurückblickend, wurde sie bereits 1859 auf einem althistorischen Bilderbogen festgehalten. Mit Sicherheit gibt es sie aber schon wesentlich länger, evtl. sogar seit der Zeit der mittelalterlichen Hexenprozesse. Diese Annahme wird gestärkt durch die alte Saulgauer Fasnetüberlieferung, zu der ja auch ein Hexenprozeß mit anschließendem Verbrennen der Hexe gehört.
Gegenüber den meisten in der schwäbisch-alemannischen Fasnacht bekannten Hexentypen bildet die Saulgauer Hexe eine Ausnahme, denn jede Maske hat ein anderes Aussehen. Fast immer mit großer Nase, kräftigem langen Kinn und grinsendem Mund verkörpern sie das Böse, Hintergründige und Unheimliche. Das einheitliche Hexengewand setzt sich zusammen aus einem roten Rock, grünem Oberteil, blauer Schürze, weißen Spitzenunterhosen, zinnoberrotem Kopftuch mit weißen Tupfen, blauem Halstuch, grüngelb-rote Ringelsocken, Stroh-Seegras- oder Bastüberschuhen und einem Reisigbesen.
Mit der sogenannten »Kronriedhutzel« schuf Otto Wetzel eine weitere Hexenmaske, deren zerfurchtes Gesicht an den Wurzelknollen einer alten Weide erinnert. Sie gehört mit Sicherheit zu den schönsten Hexenmasken und beweist sehr eindrucksvoll, daß Saulgau nicht zu Unrecht »Hexenstädtle« genannt wird.

Saulgauer Zennenmacher

Wenn diese grotesk wirkende Gestalt auch relativ jung ist, so liegt ihr Ursprung, der dem Bechtle (Bezeichnung für ein Kinderfest) zugeschrieben wird, weit zurück. Erwähnungen hierüber findet man bereits in den Archivakten des Jahres 1534 sowie in einem Auszug der Saulgauer Pfarrchronik aus dem Jahre 1851. Ehemals als heidnisches Fest zu Ehren der Göttin Berchtha gefeiert, wurde es in Saulgau als eine Art Frühlingsfest oder Vorfasnacht der Kinder in den Jahren 1700 bis 1815 am Dienstag in der Woche vor Fasnet begangen. Eine Zeitverschiebung nach dem Dreißigjährigen Krieg auf den Georgitag im März sowie die endgültige Abschaffung im Jahr 1819 waren die weiteren Stationen des später wieder eingeführten Bechtle.
Ein Resümee dieses Kinderfestes sind die auf dem getragenen Umhang dargestellten Ausschnitte und Szenen, die sich auf damit verbundene Begebenheiten, auf viele Märchengestalten und auf die Stadtgeschichte, nicht aber auf die Fasnet beziehen, denn diese Aussage ist das Privileg des Dorausschreiers. Die von Alfons Scheck geschaffenen Holzmasken mit ihren urigen und originellen Gesichtszügen sind nicht einheitlich, sondern jede – wie bei den Dorausschreiern und Hexen – ein Original für sich. Durch diese vielfältigen Ausführungen bilden sie vor allem als Gruppe ein lustiges und variantenreiches Bild, dem der als Kopfschmuck getragene breitrandige Strohhut mit buntem Band und Federn weitere Farbtupfer hinzufügt. Für eine lautstarke Umrahmung sorgt eine Holzrätsche, von der bei allen Auftritten reichlich Gebrauch gemacht wird.

Saulgauer Spitzmäule

Lustig und grazil stellt sich das Spitzmäule der Öffentlichkeit vor. Diese ausgesprochene Mädchengestalt ist nicht wie die vorstehenden Saulgauer Fasnachtsfiguren historisch gewachsen, sondern neueren Ursprungs.
Bei der Namensgebung stand die holzgeschnitzte Maske Pate, die mit ihrem Gesichtsausdruck, vor allem durch die gespitzten Lippen – auf gut schwäbisch Mäule genannt – den Namen unverkennbar dokumentiert. Bei näherer Betrachtung könnte man fast annehmen, daß sie mit ihrem besagten spitzen Mäule dem scheidenden Winter noch rasch einen Abschiedskuß geben möchte. Das auf Taille gearbeitete Gewand betont durch seinen Schnitt das Mädchenhafte zusätzlich und ist aus Nesselstoff und Filz gefertigt. Als närrisches Utensil wird eine hölzerne Narrenpeitsche getragen, die der Volksmund mit dem treffenden Namen »Pätscher« bezeichnet.

Saulgauer Blumennärrle

Die endgültige Besiegung des lebenszerstörenden Winters findet in dieser Narrengestalt ihren Niederschlag. Ebenfalls jüngeren Datums, weist schon ihr Name auf den kommenden Frühling und das Wiedererwachen der Natur hin. Als hierauf bezogene Akzente sind auch die auf dem gesamten Gewand verteilten, ca. 100 bis 120 roten, blauen, grünen und gelben, in der Mitte jeweils mit einem Glöckchen versehenen Blumen zu verstehen. Die ganz auf diese Aussage abgestimmte handgeschnitzte Holzmaske mit ihrem frohen und freundlichen Ausdruck paßt sich nahtlos dem Gesamtbild an. Närrische Insignien: Zwei an der Maskenhaube befestigte Fuchsschwänze sowie ein in der Hand gehaltener, mit drei Glöckchen verzierter Staubwedel.

Riedlinger Gole

Obwohl urkundliche Belege aus der ersten Hälfte des 19. Jahrhunderts beweisen, daß das Wort »Gole« schon damals mit der Fasnet in engem Zusammenhang stand, konnte die eigentliche Herkunft nie eindeutig geklärt werden. Bei der Gründung des Riedlinger Narrenvereins – der heutigen Gole Zunft – versuchte man deshalb, dem Namen eine figurbezogene Bedeutung zu geben und man machte aus dem Gole einen Riesengoliath.
Im Jahre 1865 wurde der erste überlebensgroße Papiermaché-Kopf – es war die heutige »Gelbsucht« – der Öffentlichkeit vorgestellt. 1870 folgte der »Alte Gole« mit einem ca. ein Meter hohen ebenfalls aus Papiermaché hergestellten Kopf mit braunem Gesicht, schwarzem Bart und grün-goldfarbenem Helm. Zwanzig Jahre später erschien auch im örtlichen Fasnetleben der »Neue Gole« mit einem Kopf aus demselben Material, bei dem der weitgeöffnete Mund, die hervorquellenden Augen und ein Silberhelm nach römischer Art die charakteristischen Merkmale sind.
Auch die später hinzugekommenen Golebegleiter fügten sich harmonisch in diese Gruppe ein. Im Gegensatz zum Gole und zur Gelbsucht tragen sie holzgeschnitzte Masken, bei denen der grimmige Ausdruck besonders ins Auge fällt.
Nebenstehende Abbildung zeigt von links nach rechts: Alter Gole, Neuer Gole, Gelbsucht, kniend davor zwei Golebegleiter.

Riedlinger Boppele

Eine weitere beliebte Riedlinger Narrengestalt ist der Boppele. Seine Geburtsstunde ist in den Jahren nach dem Ersten Weltkrieg zu suchen, als man beschloß, das immer zu klein wirkende Gefolge des Gole zu erweitern. 1931 erstmals zu sehen, erfreute sich diese neue Figur bald größter Beliebtheit, nicht zuletzt deshalb, weil die Boppele in dunkelbraunen Plüschanzügen durch ihr närrisches Treiben einen lebhaften Kontrast zum würdig einherschreitenden Gole abgeben.

Wie die »Golebegleiter« tragen auch die Boppele handgeschnitzte Holzmasken, die jedoch im Gegensatz dazu einen grotesk-heiteren Gesichtsausdruck aufweisen. Der Entwurf stammt von A. Gröber, die Ausführung besorgte der Unlinger Schnitzer K. Maier. Ihren Namen verdanken die Riedlinger Boppele der originellen Maskenhaube, die in Form einer Perücke mit vielen Wollboppeln besetzt ist. Zur weiteren Ausstattung gehört ein mit großen und kleinen Schellen bestücktes über der Schulter getragenes helles Lederkoller mit einem durch grüne, gelbe, weiße und rote Filzstreifen verzierten Rand. Wichtige Requisiten und unentbehrlich beim Auftritt in der Öffentlichkeit sind auch hier die schon oft erwähnten Scheren und Saublodern.

Meßkircher Katze

Das schon seit dem Jahr 1210 als Marktflecken bekannte Meßkirch erhielt seine persönliche Prägung unter der bis 1594 dauernden Herrschaft der Grafen von Zimmern, in deren Chronik wiederholt von fasnachtlichen Ereignissen die Rede ist. Auch diese Tierfigur geht auf eine alte Brauchform zurück, denn bereits 1554 wurden in schon genannten Annalen Spaikatzen erwähnt. Unter dieser Bezeichnung sind Spottkatzen zu verstehen, die unter ihrer Vermummung – in Ausübung des alten Rügerechtes – mit Humor und Witz verschiedenen, ihnen bekannten Mitbürgern sich zugetragene Gegebenheiten und hierbei oft nicht immer angenehme Wahrheiten unter die Nase reiben.

Die Meßkircher Katzenzunft teilt nach altem handwerklichen Zunft-Vorbild ihre Mitglieder in Katzen, Katzengesellen und Katzenmeister ein. Der Kater heißt hier mundartlich »Relle«. Anführer der Katzen ist der Oberrelle. Die Zunftkleidung besteht aus einem schwarzen Kittel mit unten in Spitzen geschnittenem weißem Umhang, einer mit einem roten Halsband verzierten großen weißen Halskrause sowie weiten Pluderhosen mit einem weißen und einem schwarzen Bein. Darauf abgebildet schwarze und rote Katzen. Über Brust und Bauch hängt ein Katzenfell. Die von Erwin Kleiner aus Meßkirch geschaffene Holzmaske ist nach hinten ebenfalls durch ein Katzenfell abgeschlossen.

Betrachtet und beobachtet man diese Gestalten bei ihrem Auftritt in der Öffentlichkeit, so drängt sich unbewußt ein Hauch von Mystik auf und vielleicht findet es mancher gar nicht mehr so ungewöhnlich, daß der auf die Katzen bezogene Aberglaube immer seine Nahrung fand.

Owinger Hänsele

Während die ersten bekannten Hinweise auf die Owinger Fasnet aus dem Jahr 1792 stammen, wurde 1873 erstmals in der Zeitung »Der Seebote« eine Fasnetsvereinigung erwähnt. Hier kündigte das Narrenkomitee, interessanterweise »Narren-Komm-Idee« geschrieben, ein großes Fasnetspiel an. Die Gründung eines Narrenvereins erfolgte 1922, die Umwandlung in die heutige Narrenzunft »Nebelspalter« e.V. 1960.

Die Owinger Fasnetfigur ist der Hänsele, ein Narr mit Häs und holzgeschnitzter Maske. Die Zunft selbst führt ein dreigeteiltes Schild als Zunftwappen, das in seinen Sektionen einen Weinstock, drei Sterne und eine Narrenkappe zeigt.

Die von Norbert Benz aus Owingen geschaffene Gruppenmaske ist im Gegensatz zum Häs nicht einheitlich, sondern wird in verschiedenen Ausführungen getragen. Das mit einer Halskrause versehene weiße Narrengewand hat anstelle der meist üblichen Ölmalereien bunte Filzteile als Dekor.

Als Einzelfigur besitzt die Narrenzunft »Nebelspalter« außerdem eine Hexe. Die ausdrucksvolle Holzmaske wurde ebenfalls von Norbert Benz entworfen und geschnitzt.

Larven Schemen, Maskenschnitzer

Zweierlei fällt bei der Betrachtung der vorstehenden Seiten auf. Da sind einmal die farbenfrohen und figurbezogenen Gewänder, zum anderen die immer wieder faszinierenden handgeschnitzten Holzmasken, auch Larven, Schemen oder wie in den Alpenländern Perchten genannt. Es kann mit Sicherheit angenommen werden, daß in früheren Jahrhunderten die meisten Maskenträger ihre Larven selbst herstellten, wobei nicht immer handwerkliche Meisterstücke das Ergebnis waren. Die beispielsweise in Villingen heute noch vorhandenen bis zu 250 Jahre alten, sehr flachen Masken tragen deshalb bezeichnenderweise den Namen »Brettleschemen« (im Gegensatz zu den von Fachleuten hergestellten »Bildhauerschemen«). Auch Masken aus Blech oder Ton waren nicht ungewöhnlich, ebenso wenig Papiermasken, die hauptsächlich deshalb Verwendung fanden, weil sie erstens sehr leicht im Tragen und zweitens billig herzustellen waren. Auch die Larven mit den glatten Gesichtern zählen zu den älteren, während dieselben Typen mit Kreidegrundierung versehen, bemalt und glänzend lackiert aller Wahrscheinlichkeit nach erst nach 1700 entstanden sind.

Viele alte Masken, heute leider nur noch als Museumsstücke erhalten, zeigen strenge vereinfachte Formen, z. B. die Langnase des Elzacher Schuttig, von der ein sehr altes, im Breisacher Museum hängendes Exemplar leider dem Zweiten Weltkrieg zum Opfer fiel. Ebenfalls ist diese abstrahierte Formgebung bei vielen alten Tiroler Perchten und Masken der Schweizer Alpenregionen zu finden. Eine entscheidende stilistische Reformation erfuhren viele Larven im späten Rokoko und in den ersten Jahrzehnten des 19. Jahrhunderts. So erhielten beispielsweise die heute noch getragenen klassischen Narromasken neben einem höfischen Stempel auch einen Hauch von der oft ironisch gewürzten Vornehmheit und Lebensfreude jener Epoche. In diesem Zusammenhang drängt sich unwillkürlich die Bezeichnung »Ölmüllerscheme« auf, so genannt nach dem aus der Villinger Ölmühle stammenden Bildhauer Dominikus Akkermann (1779 – 1835). Es steht außer Zweifel, daß diese Larven mit dem ihnen eigenen Lächeln zu den schönsten je geschaffenen Masken überhaupt gehören.

Auch Josef Ummenhofer, dessen Schemen den »Ölmüller« sehr nahekommen, soll hier nicht unerwähnt bleiben. Von vielen weiteren Schnitzern, die mit ihren Larven die hohe künstlerische Stufe der jahrhundertealten Villinger Schemenschnitzerei unter Beweis stellten, seien genannt: Wilhelm und Emil Sieber, Friedrich Moser, Robert Neukum und Manfred Merz. Eine ganz bestimmte Gruppe älterer Larven, die sogenannten »Surhebel« (siehe auch Beschreibung Villinger Stachi), wurden von ihren Herstellern nicht selten portraitähnlich dem Gesichtsausdruck lebender Bürger nachempfun-

Vom Rokoko geprägte Rottweiler Maske

den, was oft zu Streit und Reibereien führte, da sich die Dargestellten beleidigt fühlten. So soll in den Jahren um 1870 J. Ummenhofer den stacheligen Bart eines Villinger Bürgers so echt dargestellt haben, daß der Betreffende sofort erkannt und spontan mit dem Namen »Stachelfranz« bedacht wurde. Daß Meister Ummenhofer lt. richterlichem Beschluß den dargestellten Bartwuchs an der Larve wieder entfernen mußte, sei der Vollständigkeit halber auch noch erwähnt.

Zur selben Zeit etwa schnitzte in Elzach Ferdinand Disch (1846 – 1920) als erster berufsmäßig Schuttiglarven in den verschiedensten Ausführungen und leitete damit die heute noch bestehende Elzacher Maskenschnitzer-Dynastie ein. Seine Söhne Fritz und Heiner Disch, Adolf Allgeier, Wilhelm Schätzle, Hugo Vollmer, Gabriel Wahl oder aus unserer Generation Josef Tränkle, Franz Lang und Konrad Wernet, sie alle haben den Ruf der Elzacher Larvenschnitzkunst weit über die regionalen Grenzen hinaus bekannt und populär gemacht. Auch ein noch vor Ferdinand Disch im vergangenen Jahrhundert als Einsiedler lebendes Original soll nicht unerwähnt bleiben. Gemeint ist der sogenannte »Säger-Agel«, der in einer selbsterbauten Waldhütte lebte und für ein Päckchen Tabak oder ein paar Zigarren oder wenns auch dazu nicht reichte umsonst bereit war, hauptsächlich für die Schulbuben, eine Maske anzufertigen. In den meisten Fällen bediente er seine jugendlichen Kunden sofort, indem er mit einem Beil der Larve ihre groben Umrisse gab, sie in großzügiger Formgebung bearbeitete, aushöhlte, Mund-, Nasen- und Augenlöcher hineinschnitt und bemalte. Leider sind diese Bubenlarven ganz aus dem fasnachtlichen Geschehen in Elzach verschwunden, die letzten Exemplare sollen um das Jahr 1908 zu sehen gewesen sein.

Viele Geschichten und Anekdoten ranken sich um die Larven und ihre Hersteller. Die Reihe ließe sich unendlich erweitern, doch sollen die beiden vorstehenden Beispiele von Villingen und Elzach stellvertretend für alle einen Eindruck vermitteln, wie sich die Herstellung der Larven damals abspielte.

In allen nachfolgenden Jahrzehnten kamen immer wieder im ganzen schwäbisch-alemannischen Fasnachtsraum neue Maskenschnitzertalente zum Zuge.

Da sich die Herstellung nicht nur auf traditionelle Ausführungen nach vorhandenen Mustern bezog, sondern auch auf neue Masken mit eigener Charakteristik, erforderte die Aufgabenstellung neben handwerklichem Können ein hohes Maß an schöpferischer Begabung, Ideenreichtum und künstlerischer Gestaltungskraft. Heute sind viele neue Masken dem Zeitgeschmack angepaßt. Während früher Generationen von Narren zwar auch unter holzgeschnitzten, aber mit Farbe überzogenen Masken ihre Späße trieben, legt der moderne schwäbisch-alemannische Narr großen Wert auf eine materialbezogene Aussage, denn trotz Oberflächenbehandlung mit Lasur und Beize muß als Qualitäts- und Gütesiegel das Holz bzw. die Maserung erkennbar sein.

Wie reich das Schaffen unserer zeitgenössischen Maskenschnitzer ist, offenbart sich, wenn man weiß, daß oft bis zu 100 Zünfte von einem Schnitzer bzw. von einer Werkstatt betreut und beliefert werden. Als Abschluß dieses Bandes möchte ich deshalb einige von ihnen vorstellen. Sie stehen stellvertretend für alle ihre Kollegen, deren künstlerisches und unermüdliches Wirken wesentlich dazu beigetragen hat, die schwäbisch-alemannische Fasnacht weit über unsere Landesgrenzen hinaus bekannt und beliebt zu machen.

Josef Tränkle, Elzach

Radolfzeller Frosch

Ludwigshafener Seehas

Oberharmersbacher Bär

Mooser Rettich

Villinger Hexe

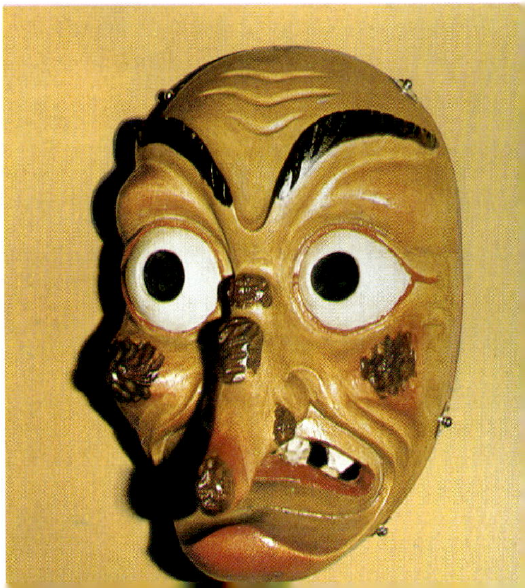

Konrad Wernet, Elzach

Waldkircher Kandelhexe

Franz Lang, Elzach

Rottweiler Gschell

Reichenbacher Teufel

Staufener Mittwocher

Albert Schonhardt, Simonswald

Emmendinger Brunnenputzer

Willstädter Hexe

ühler Hexe

Gottenheimer Krutstorze

Otto Pfaff, Schonach

St. Georgener Fohrenbobbele

Haynalka Feldmann-Strobel, Bad Waldsee

Bad Waldseer Schrättele

Bad Waldseer Schorrenweible

Bad Waldseer Federle

Manfred Merz, Villingen

Villinger Narro, Surhebel und Morbili

Florian Schlosser, Eigeltingen

Hexenlarve

Krauchenwieser Zaunhölzle

Emminger Rußhexe

Gailinger Eichelklauber

Bildnachweis

Foto Bank, Kirchzarten	131
Norbert Benz	269
Foto Carle, Triberg	83
Foto Dirhold, Kirchzarten	129
NZ Emmendingen	113
Haynalka Feldmann-Strobel, Bad Waldsee	284, 285
Johannes Fischer, Villingen	155, 286
Richard Fischer, Elzach	97
Foto Grüninger, Haslach	57
Foto Günter, Triberg	87
German Hasenfratz, Hüfingen	41, 43, 49, 73, 79, 85, 108, 135, 138, 145, 147, 151, 157, 161, 162, 163, 175, 247, 252, 253, 267
Foto Hotz, Stockach	209, 211, 213, 215, 217, 218, 219
Fred Hugel, Villingen	287
Peter Hütter, Tettnang	237, 242, 245, 246
Konstanzer Blätzlebuebezunft	228, 229
Franz Lang, Elzach	279
Hans Lelanz, Singen	203
NZ Lenzkirch	141, 143
Helmut Link, Schramberg	73, 75, 77, 79
NV Liptingen	197
Foto Malischewsky, Karlsruhe-Grö.	37, 38, 39
NZ Radolfzell	223
NZ Rottweil	165, 167, 169, 170, 173, 177, 179, 180, 181, 272
Martin Rupprecht, Wolfach	59, 61, 65, 67, 69, 70, 71
NZ Schonach	89
Albert Schonhardt, Simonswald	281
Foto Schultheiß, St. Georgen	81
Foto Schwarzer, Riedlingen	263
Foto Siegmund, Saulgau	255, 257, 259, 261
Hans Sigmund, Freiburg	115, 117, 119, 121, 123, 125, 127

Foto Spinner, Säckingen	133
Erich Stetter, Oberndorf	184, 185
Willy Vanselow, Waldkirch	107
Heinz Wintermantel, Karlsruhe	45, 47, 51, 53, 55, 57, 61, 63, 65, 83, 89, 91, 92, 93, 94, 95, 99, 101, 102, 103, 105, 108, 111, 130, 136, 137, 138, 145, 147, 149, 151, 153, 155, 157, 159, 183, 187, 189, 191, 193, 195, 201, 203, 205, 207, 221, 225, 227, 231, 233, 235, 239, 241, 242, 249, 251, 257, 265, 267, 273, 274, 275, 276, 277, 278, 279, 280, 281, 282, 283, 288, 289
Foto Wöhrstein, Engen	199